规制

第2辑

CATO INSTITUTE　SIFL INSTITUTE　加图研究所 上海金融与法律研究院

格致出版社　上海人民出版社

目录

从金融创新史看互联网金融的未来和监管*

陈龙**

无论是阿里巴巴、腾讯还是百度，在可能的情况下它们都是全牌照进军金融业，能做什么就做什么。马云曾说过，"银行不改变，我就改变银行"。互联网公司全力进军金融行业衍生出三个重要的话题：为什么互联网公司能做金融？互联网金融能走多远？如何监管互联网金融？

对这三个问题，目前有很多不同的观点，这些观点可以归纳为四类。

第一类是新闻报道派。关于互联网金融的媒体报道有很多，比较典型的是：某互联网公司做了金融的事情，或者某金融企业互联网化了。新闻报道派的问题是讲不清楚逻辑关系，深度不够。

第二类是互联网吓死人派。这类观点认为互联网金融不得了，可能会颠覆很多东西，至于为什么会吓死人，会在哪几个地方颠覆则讲得不太清楚，总之互联网金融很厉害，就像电商很厉

＊　本文改编自陈龙教授 2014 年 4 月 16 日在刘鸿儒金融教育基金会和上海金融与法律研究院主办的"鸿儒论道"上的同名演讲。

＊＊　陈龙，长江商学院 DBA 项目和校友事务副院长。

害一样。

第三类是互联网金融噱头派。这类观点认为互联网金融也就这么回事。总体上是以一些银行行长为主，持怀疑态度。不过现在这个声音相对低调一些了，因为银行感觉到互联网的竞争力了。

第四类是鸡同鸭讲派。关于互联网金融，马云会说"我们追求的是用户体验至上"，但银行说"我们追求的是用户安全至上"。两边说得都很有道理，但这是鸡同鸭讲，因为它们是两个根本没有交集的东西。所以，尽管可以吵到天黑，但实际上沟通效率非常低。

与以上四类不同，笔者从金融本质、金融发展历史等角度梳理和分析互联网金融的逻辑。首先，对互联网金融最正确的思考方法是从金融的本质去思考。其次，分析互联网金融需要建立互联网金融的历史观。有一种说法是，互联网金融太新了，没有历史可供借鉴。这种说法是错误的，金融和商业的本质是不能改变的。越想知道未来，就越需要了解过去。为什么现在的报道不够有深度？因为对历史了解得还不够多。要知道互联网对金融的冲击，需要先了解以前技术革命是如何冲击其他行业的，历史上的创新是怎么开始的？然后，对互联网金融一定要有理性监管的框架，否则就是鸡同鸭讲。马云和银行讲的都有道理，但都不全面，沟通效率低下，政策也很容易被利益集团绑架。

一、从金融的本质解构互联网金融

金融可以简单定义为，金融机构通过金融平台、金融产品和服务，把资金在借入者和投资者之间有效率、低成本、风险可控地进行传导。

（一）互联网金融：金融本质和商业本质的共存

从金融的功能角度来说，金融有三个功能。第一个是支付功能。全世界最古老的金融产品是什么？是钱，所以支付的功能是金融的第一个功能。第二个是融资和投资功能，就是之前定义的传导。第三个是金融机构匹配金额、期限、风险、流动性等约束条件的功能。尽管如此，金融最重要的功能是支付，然后才是融资和投资。如今银行可能忘记了这一点，所以犯了比较大的战略错误。

换一个角度看，金融也有它的商业本质。金融的第一个商业本质是金融机构是卖产品和服务的，跟普通商品没有本质上的区别。只要是卖东西的，就会有产品、渠道和品牌。目前的一个共识是，互联网对金融业的冲击首先就是从渠道开始的。

需要注意的是，金融产品和一般产品不太一样，金融产品是信息产品，有风险、不定性：（1）它有商业风险，就像我们去投资可能会亏钱；（2）借贷双方实际上有一个博弈关系，用经济学的话来说，会产生"逆向选择"的风险，也就是最想借钱的人，实际上你不应该借钱给他，他只想骗你的钱；（3）它会产生道德风险，你把钱给了他以后，你就控制不住他了，他可以乱花钱。由于这几个原因，借贷双方有一个博弈，产品有一种不定性，所以需要金融中介做一个风险的鉴定，在此基础上做定价和风控。这是金融机构最核心的一个职能，不容易被互联网轻易代替。

另外，卖金融产品的中介——金融机构本身也有道德风险。对金融创新而言，很重要的一点是它导致的风险往往是滞后的，可能是要过好几年，甚至是十年以后才爆发。但是，金融机构只要卖掉产品就赚到钱了，所以这有一个道德风险。因此金融机构本身是需要被监管的，监管的程度也取决于产品的风险程度。

（二）理解互联网的创新内涵先于监管的内涵

什么是创新？用熊彼特的话来说，创新有四种。第一种叫产品创新。第二种叫流程创新，比如说在 1908 年，福特生产了很有名的 T 型汽车，最有名的创新不是汽车本身，而是对流水线的创新，开启了现代工业生产的先河，所以不是说产品创新才是最重要的。第三种创新是营销或者是渠道的创新，比如互联网带来的渠道创新。第四种是组织架构的创新。这四种创新都很重要。

熊彼特说的创新，是"创造性毁灭"（creative destruction），它是市场经济的核心，即通过创造去毁灭现有的东西，通过创造去竞争。所以在谈监管的时候，不能忘记创新政策和竞争激励政策是不可分的。不能只讲创新，它可能有风险，也一定会动现有体系的"蛋糕"，因此，必须首先需要确立监管的目的是什么，以及对监管而言，什么样的创新是好的创新。

在谈互联网金融创新时，首先要了解互联网金融是一个什么样的创新？是产品的创新、流程的创新、渠道的创新，还是组织的创新？然后再判断它是一个好的创新还是坏的创新？好坏的标准在于是不是能够促进经济的增长，能不能提高社会的福利，这是任何创新的两个基本标杆，也是监管的两个标杆。任何金融产品都是有风险的，连国家发的国债都可能违约，如果只是因为一个东西有风险而监管，那就是为风险而监管，为监管而监管，容易走偏。

只有问创新好不好、给予好处之后才可以讨论经济体能够承受多大的风险，如此才能去讨论监管。这是笔者对互联网金融监管的框架性理解。

二、从金融历史观看互联网金融

商业和金融的本质其实是没有改变的，尽管很多人认为互联网创新非常不得了，但每次技术革命都很伟大。回看历史对理解互联网金融会很有帮助，历史能让我们看清未来。

（一）荷兰、英国与晋商的故事

笔者先讲三个具体的故事。

首先是荷兰。荷兰是 17 世纪最强大的国家，是"海上的马车夫"。荷兰是怎么兴起的？在 16 世纪时，哥伦布航海把整个欧洲格局改变了，欧洲的中心从地中海移到了大西洋海岸，原来几个根本不重要的国家，包括西班牙、葡萄牙、荷兰、英国，突然有了一个先机。荷兰兴起的起点是船造得好，由此物流就做得好。有物流就有贸易，很多的贸易从阿姆斯特丹走。有了贸易之后，尤其是国际贸易，就需要支付和结算，支付和结算是金融的第一个功能。1609 年，阿姆斯特丹银行成立，这是世界上第一个现代意义上的银行，尽管最早的银行是在意大利产生的，但是它只承担一个简单的借贷功能，不是现代意义上的银行。现代意义上的支付、清算、结算等功能是从阿姆斯特丹银行开始的。

阿姆斯特丹银行只做一件事情，就是接受存款，把各个国家的金属货币收进来，然后发行它的银行票据，这个票据就像钱一样可以到处流通，承担了支付、结算的功能。同时，为了让银行运营下去，政府提供保证金做担保。因为有了贸易和支付，大量的钱就进入了阿姆斯特丹银行，于是它在 1683 年之后就开始提供信贷服务。我们可以看到，首先有物流和贸易，其次才有支付、信贷，这个结合让荷兰在 17 世纪成为了全世界最大的贸易中心和金融中心，占了全球贸易的 50% 以上，是当时全世界最强盛的国家。

荷兰是怎么衰弱的呢？因为贸易平台由荷兰更替到了英国。与荷兰借助物流兴起不同，英国兴起的关键是工业革命。有了发明就有了贸易的基础，有了贸易以后，英国就学荷兰做金融。英格兰银行取代了阿姆斯特丹银行成为全世界的结算中心，而且英格兰银行模仿荷兰也做交易所和金融。与此同时，英国在 17 世纪与荷兰有过三次战争，打击了荷兰船运，通过贸易禁令把荷兰排挤出贸易圈。荷兰在鼎盛的时候曾经有上万艘船，后来只剩几十艘船。也就是说，荷兰首先失去贸易，再失去物流和金融，荷兰衰弱，英国变强。

中国晋商的兴起和衰落也是一样的道理。山西是资源大省，曾经是中国金融做得最好的省。晋商是从贩盐开始起家的，贩盐以后就开始有贸易，有了贸易就要解决支付的问题，所以山西人发明了山西票号。山西票号改变了中国几千年商业现银结算的方式。所以，支付是银行的第一个功能，支付之后再去做信贷，这跟荷兰的兴起是类似的。

因此，商业和金融的逻辑本身是不变的，变的只是形式。山西票号到1920年以后纷纷倒闭，这主要是因为当时的战乱，但更核心的原因是清政府成立了户部银行，把最重要的清算和支付的功能拿过去了。

（二）互联网金融兴起的逻辑：贸易在前，金融在后；支付在前，信贷在后

虽然我们在高中、大学时就读过这些历史，但其中的逻辑耐人寻味。互联网金融兴起，如荷兰、英国和晋商的道理是一样的，在拥有贸易的基础上，推出了支付功能。

阿里巴巴一开始做淘宝和淘宝商城时做了一个线上贸易。有了贸易以后需要做的就是像荷兰一样，需要支付。这是阿里巴巴当时在完全没有任何胜算的情况下超越易趣的决定性原因。当时易趣已经占了95％的C2C市场，但是用支付宝的几位老总的话来说，支付宝成就了今天淘宝的繁荣。因此，支付和贸易的结合造就了阿里巴巴今天的地位，这跟荷兰的兴起非常像，这也是历史给我们的启示。

实际上，银行最重要的功能不是借贷，而是支付。如果让渡了支付功能，实际上等于把命根子让给了别人。别人做支付以后，慢慢还会做信贷，基本上就有了银行最重要的功能。阿里巴巴的发展历程就是这样，先是做贸易，因为有了商业的需求，自然产生了对金融的需求，金融的第一个需求是支付结算的需求，其次才是信贷的需求，这就是为什么互联网公司要做金融的商业逻辑。

现在，随着阿里巴巴的发展，在支付的基础上还有了信贷。我们如果把钱存在余额宝里面，就会有一个很高的利息，我们还

能够很快地拿出来做支付。这对银行造成了最直接的打击，银行也对余额宝真正有了痛感。

那么，阿里巴巴什么时候会被替代呢？当另外一个贸易平台能够替代它的时候，它就会被替代，所以商业逻辑是第一位的。

现在阿里巴巴比较担心的一个竞争对手是腾讯。阿里巴巴做的是天上的贸易，是大卖场，人与人之间的关系不强。腾讯的微信打造了一个天空城市，让大家免费搬进去，人与人之间关系密切，而一旦大家都搬进去，就很难出来了。阿里巴巴推出的"来往"功能可以比微信好，但是很多用户并不使用，除非把你的亲朋好友全部搬过去，但这样成本太高了，根本做不到。

微信把天空城市搭起来，大家住进去以后，就可以关注所有的东西。所以，现在腾讯和谁合作谁就火，虽然它做的是一个最不商业的东西，但是我们搬进去之后，它就成了天空城市的开发商，什么东西都可以加。如果加了足够商业的东西，商业的基础足够大了，就可以对阿里巴巴造成一个严重的威胁。腾讯自己有微信支付，如果加上贸易，就会对阿里巴巴产生一个冲击。

现在的互联网公司是得移动支付者得天下。腾讯做的很多收购都是增加它的贸易，包括大众点评、京东，历史再一次验证了这个逻辑。

总而言之，虽然现在还是有很多人说马云做不了金融，但从历史中可以知道，荷兰人做船能够做成全世界最大的金融王国，山西贩盐的人做成了中国当时的金融之王，那么互联网公司肯定也是可以做金融的。做金融需要具备两个条件：第一是有商业的基础。为什么阿里巴巴的估值那么高？阿里巴巴现在的估值有1 000 多亿美金，跟工商银行差不多。阿里巴巴是商业和金融的结合，有巨大的想象力。第二，如果对金融有需求，那现有的金融体系能不能满足这一需求？只要不满足，就给这些互联网公司提供了一个巨大的进入金融行业的准入机会。

互联网当然是可以去做金融的，而且这是中国的故事。为什么互联网金融这个词在国外不存在？因为国外的金融体系相对比较发达，所以互联网公司不容易进入金融行业，中国的金融实际上是非常落后的，是相对不具竞争力的行业。技术革命与金融自由化的结合，给很多非金融机构进入金融业提供了一个巨大机会。

三、互联网金融的未来

怎么去理解不同的互联网金融产品的未来呢？根据金融产品的特点，越是标准化的、不定性的、比较小的产品，越容易金融脱媒，脱离原有的金融机构；而越是不定性的、大的产品和行业，发展越慢，而且越需要被监管。

无论是谈监管，还是谈互联网金融的未来，都必须在还原金融创新本质的基础上，我们才能知道它能够走多远，如此才能知道该如何进行监管。

（一）P2P

P2P是通过网络平台的撮合方式把借贷双方联合起来。所以，P2P的第一个创新就是渠道的创新，即通过网络渠道降低融资成本，并给予投资者新的投资机会。同时，它也是一个产品的创新，因为它绕过传统的金融中介把借贷双方连接起来。这种金融产品是传统的金融体系所没有的，与传统金融不是竞争关系，而是补充关系。

尽管如此，P2P贷款有一个很大的挑战，它没有解决金融产品的本质所带来的问题，即金融产品的不定性。P2P贷款是"高风险、高收益"的借贷，需要专业的金融中介评估风险和降低信息不对称。这个本质使得脱离金融中介的P2P贷款难以做大，也难以对传统金融提出挑战。所以，P2P注定不会发展得非常快，而且需要比较早地进入监管，因为这种产品是有风险的，不是每个人都能做的，同时卖这个产品的金融中介本身也有道德风险。

弄清了P2P的本质后，从发展前景来看，P2P肯定是可以做的。现在很多P2P是消费信贷，是无抵押的小额贷款，跟信用卡没有本质的差别。当年银行做信用卡是在征信系统不发达的情况下把征信系统做起来，然后再慢慢把信用卡做起来。当年信用卡都能做起来，现在的P2P通过网络的消费信贷有了大数据的基础，肯定可以做得起来。但不是每个人都能做的，因为它有很大风险。

就 P2P 的发展而言，有两个方向是可以看好的：第一是有一支专业度比较好的团队，像陆金所这个方式，虽然它自己没有贸易，没有数据平台，但是它有一个比较专业的团队。第二，在机构拥有大数据的平台后，比如阿里巴巴、腾讯，通过担保发展 P2P。这两种方向的 P2P 都比较有前途，而一般人去做 P2P 会有比较大的风险。

（二）余额宝

余额宝是当下金融互联网中最重要的产品。关于余额宝，有几个很流行的说法。（1）认为余额宝只是把金融产品和互联网架在一起，所以它算不上是创新。（2）余额宝推高了民间利率和企业的融资成本，对中国经济不利。（3）余额宝是监管套利的产物，等到利率自由化之后，它就没有生存空间了。（4）美国版的余额宝 Paypal 的货币基金在 2001 年就关闭了，说明余额宝的日子长不了。笔者认为，这四个说法都是错的，是对事实的误读。

1. 余额宝是不是创新？

如前所述，创新可以体现在产品、流程、渠道和组织架构四大方面，余额宝是货币基金和支付宝的结合，货币基金本来和互联网没有关系，但是支付宝给了它网络渠道，使得余额宝以几乎零成本接触到了支付宝和淘宝的几亿用户。这是一个创新，是最简单的创新。创新虽然简单，但不容小觑。最简单的创新可能最有冲击力。天弘基金本来是一个亏钱的、排名倒数的基金，现在成为中国最大的、全世界前十名的基金，其规模是第二名基金的2 倍，它花了半年的时间就做到了这一点。

2. 余额宝真的推高了市场利率吗？

如果真是这样，那么我们就可以推论出余额宝揽钱越多，市场利率就应该被推得越高。但事实却并非如此，如图 1 所示，━是上海银行间市场一周同业拆借利率。2013 年 6 月"钱荒"时，曾经跳到过 10％以上。2013 年 6 月余额宝正好诞生了，刚开始时只有 66 个亿的规模，后面━就一路飙升。你可以看到这两个方向南辕北辙，中国的利率从 2013 年 6 月以来越来越低，但是余额宝反而在飙升。所以不能认为余额宝推高了利率。

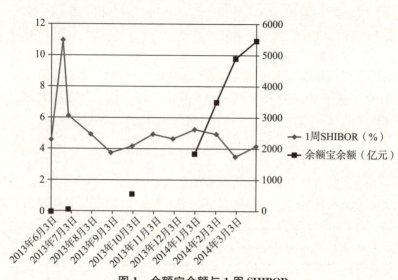

图1　余额宝余额与1周SHIBOR

　　货币基金的总量不到整个银行存款的1%，不成为利率的决定因素。更合理的解释是，余额宝的利率取决于市场利率，市场利率高时，余额宝利率就高，市场利率低时，余额宝利率就低。那种认为余额宝推高了市场利率的观点颠倒了因果关系。

　　3. 余额宝是监管套利的产物，利率自由化之后就没有生存空间了吗？

　　余额宝不能简单用监管套利这四个字来形容。余额宝的本质是一个货币基金和支付宝的结合，货币基金不是银行，不能用银行的方式监管它。货币基金的本质是什么？这就要追溯货币基金形成的金融历史。

　　看图2，浅灰色线是美国的名义利率，黑线是实际利率。20世纪70年代，美国银行法规定了银行存款利率上限，在利率管制下，市场利率比银行的存款利率上限要高，表现出来就是利率双轨制，就像今天的中国。货币基金就产生在利率双轨制的背景下，跟互联网没有关系。因为货币基金受证监会的监管，所以货币基金可以不受存款利率上限规定的束缚，把钱通过比较高的利率揽进来然后借贷出去。

图 2　美国利率波动（1953—2011 年）

　　无论在中国还是美国，证券法规定货币基金只能投放于最安全的机构（拥有最高评级）的短期融资。由于货币基金的投资标的已经做了一个最严格的限制，是最好的商业机构短期的借款，所以不确定性是最低的。这就意味着，一方面，货币基金所需的存贷差是最低的，现在货币基金可能只需要千分之五就活下来了。另一方面，这一本质决定了货币基金不是银行，由于它的投资标的已经受到了严格监管，所以货币基金是不需要准备金的，监管的方式也是不一样的。

　　货币基金是如何做起来的呢？美国 20 世纪 70 年代初有了货币基金，到 1977 年的时候，货币基金正好是银行存款总量的 1%，跟中国现在很像。中国现在是 100 万亿的银行存款，大概是 1 万亿的货币基金，占银行存款总量的 1%。银行可能会觉得货币基金的数量已经够大了，过几年利率市场化之后，货币基金不会再增加了。其实不是这样的。图 3 显示美国货币基金越做越大。到 2001 年时，货币基金揽存的总量是银行活期存款总量的 4 倍，大量的存款搬家会非常普遍。所以，以美国货币基金的发展来看，中国的货币基金才刚刚开始。

　　从美国的例子我们可以看到，金融自由化、利率市场化之后，货币基金并不会走向消亡。中国的货币基金未来也是如此。由于互联网的揽存成本很低，在今后的 10—15 年，大部分银行的揽存可能被互联网公司包揽，技术革命和金融自由化对银行的冲击更大。以后即使银行依然做投资，揽存也可能就包给或者部分包给互联网，因为互联网有很大的优势。

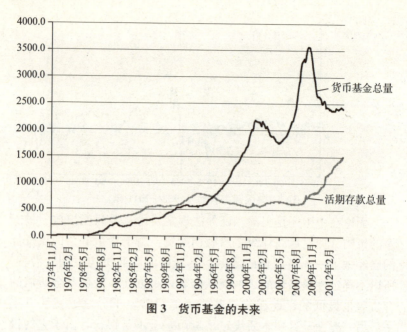

图 3　货币基金的未来

4. 美国 Paypal 是中国余额宝的明天吗？

有人担心美国的 Paypal 会是中国余额宝的明天，因为美国版的余额宝在 2001 年就关闭了。为什么关闭？道理很简单，从图 4 我们可以看到，货币基金从 1971 年到 2014 年初的总量，虽然货币基金一路高歌猛进，但在某些时点和阶段却又大幅度下降，为什么货币基金会下降？为什么有的货币基金会关闭呢？原因出在基准利率上。货币基金资本总量大幅下降发生在利率很低的两个阶段：一个是美国利率接近 0 的现阶段，一个是 2001 年以后利率只有 1‰的时间段。当利率太低的时候，货币基金就没有生存的空间了。但只要利率回升，货币基金总量就会大幅度上升。所以美国 Paypal 关闭不是中国余额宝的明天。

四、互联网金融监管

P2P 的本质决定了监管应该及早介入，而监管及早介入对这个行业是有帮助的。央行在 2013 年底明确了 P2P 网络借贷平台的中介性质，指出其不得提供担保。实际上，陆金所很多的产品

图4 货币基金的未来

都是有担保的，有担保反而是好事，就像支付宝的担保至关重要一样。如果金融中介在评估风险的基础上提供担保，就是对金融产品负责任，缺乏担保的 P2P 信贷反而难以发展。但这仍然没有解决 P2P 贷款的信息不对称，所以这个不是 P2P 最关键的东西。因此，P2P 需要的监管更多应该落在对行业准入、投资者准入、信息披露等方面。

与 P2P 不同，余额宝的本质是风险极低的货币基金，它的监管要求是不一样的。尽管如此，仍然有不少人认为货币基金缺乏监管，认为美国一直为此很担忧，这种担忧在 2008 年金融危机时得到证实。很多人，包括央行的一些官员，都把美国的这段历史作为余额宝需要监管的论据。

事实上，由于货币基金是贷给最优质的短期流动性贷款，美国 40 多年来一直不需要准备金或资本金，到 2008 年以前也几乎从未发生过跌破本金的事件。2008 年 9 月，雷曼兄弟倒闭，最老的货币基金"储备基金"跌破本金（损失率 3%），当时大恐慌的气氛引发了对货币基金的挤兑潮。美国政府宣布对货币基金本金担保，挤兑迅速停止。危机过后，美国对这个金融创新做了深刻反思，广泛讨论是否需要准备金或资本金。最后的结论依然是不要求。因此，对美国过去 40 多年货币基金的正确解读是什么呢？

美国认为货币基金是一个很安全的金融创新，不值得去要求准备金或资本金，即便发生金融危机后也不需要，因为它的风险极低，总体来说是一个很安全的产品。

余额宝是风险非常低的金融产品，与其讨论损失风险，不如关注余额宝的流动性风险。即，如果大家都去挤兑怎么办？

回顾历史上被挤兑的银行，只有公众认为银行本身很亏钱才会去挤兑。由于货币基金只能投最好的机构发的 AAA 短期债，因此，货币基金遭遇损失风险而引发流动性的冲击会很小。这就是为什么美国从 20 世纪 70 年代到 2008 年从来没有发生过一次挤兑的重要原因。所谓的 T＋0 的流动性风险和短融长投，好像有一个期限错配，但大部分的金融机构都有这个问题，这是相对的，一般不会引发挤兑风险。

为了确保货币基金本身不会有太大风险，专业性的投资技能是必需的，但准备金要求是不现实的。为什么是不现实的？如果余额宝要交准备金，那么同业存款放在银行里面的钱都要交准备金。同业存款包括了保险、债券等，加起来万亿级别，准备金的要求会导致银行揽存的成本大幅度提高，从而真正推高中国企业的融资成本。

应该怎么监管余额宝呢？一个比较合理的方式是协同监管。看一下美国货币基金发展的历史，存款搬家到了货币基金，货币基金将钱贷给了最好的机构发的短期票据，属于直接融资。中国的货币基金没有全部跑到短期票据市场，又跑回银行来了，因此从长远来看，中国要推动票据市场的发展来改善中国的融资。

结合中国的国情，余额宝首先应该由证监会来监管，但证监会要逐渐降低货币基金在银行同业存款的上限。现在 99％ 的钱都是放在银行里，未来看是否可以降低到 70％、60％、50％。同时，证监会要大力推动直接融资市场，让最好的公司发短期的票据，然后让货币基金直接去买它。就像美国一样，存款搬家以后，有利于更多地开展直接融资，大部分资金就脱离银行了，银行被迫关注中小企业的利益，最后导致整个金融体系的融资成本下降。

整体上，余额宝应该由央行、证监会、银监会协同监管，但在具体运营上，余额宝应该由证监会监管。未来要把钱慢慢从银行部分抽离到直接融资票据市场，但也不需要全部抽出来，因为银行也需要这个钱。这是一个相对比较稳妥的方式。

无论是互联网金融的发展还是相关的监管，都应该回归金融创新的本质，首先要看到金融创新的本质是什么，利弊是什么，有多少风险。因为所有的金融创新都有风险，为风险而监管，很容易被利益集团所绑架。把这几个因素想清楚了，才能建立一个理性监管的框架，从而在风险和收益之间找到一个平衡点。

"暂停二维码支付"的规制悖论

傅蔚冈 *

一、二维码支付现状

2014年3月13日，央行下发《中国人民银行支付结算司关于暂停财付通公司线下条码（二维码）支付等业务意见的函》，要求暂停线下二维码支付和虚拟信用卡有关业务。由此，二维码支付成为一个颇受关注的话题。为什么央行要暂停其支付，其优势到底在哪里？

顾名思义，二维码是相对于条形码的"一维"而言，它是在一维条码的基础上扩展出另一维具有可读性的条码。据维基百科的解释，它使用黑白矩形图案表示二进制数据，被设备扫描后可获取其中所包含的信息。一维条码的宽度记载着数据，而其长度没有记载数据。二维条码的长度、宽度均记载着数据。二维条码有一维条码没有的"定位点"和"容错机制"。容错机制是指在即使没有辨识到全部的条码，或是条码有污损时，也可以正确地还原条码上的资讯。

二维码里面包含了网址、文字、照片等信息，手机用户通过摄像头和解码软件即可读取相关信息。二维码自从诞生之日起，就因其显著的技术优势和业务便捷，吸引了一大批国内外终端厂

---

* 傅蔚冈，上海金融与法律研究院研究员。

商、服务提供商、运营商和商户的高度关注。

财付通之所以大规模推行二维码支付，大概有三个原因：一是二维码解决了很多线下交易的支付难题。任何一个线下交易都有客流的高峰和低谷期，高峰期时可能人员太多，而在低谷期却门可罗雀。如果都按照高峰期配置收银员，那么这些员工在低谷期就会闲置，而按照低谷期配置员工，就会导致高峰期排长龙的现象——很多旅游景点在五一、十一等节假日期间出现游客排队买票的现象，原因就在于此。

而二维码支付在很大程度上可以解决这个问题：顾客只需要用手机扫一扫二维码，借助手机上的客户端，就可以完成门票购买工作，旅游景点不需要增加购票窗口就可以完成更多的门票销售。事实上，这样的情形不仅适用于旅游景点，在绝大多数线下的交易场合都适用。而且它不仅有助于缓解高峰期的排队问题，还有助于解决长期困扰很多门店的现金交易管理问题：不需要更多的时间去整理现金，减少门店的管理成本，使运营效率大为提高。

二是二维码支付与目前互联网公司的"O2O战略"（也就是线上线下结合战略）高度契合。目前阿里巴巴、腾讯、京东等互联网公司都在推进O2O战略，具体来说就是"线上线下相互引流""线上线下资金联动""线上线下物流互补"，将线上既有的电商、支付、后台数据、社交平台和地图引流等一系列业务与线下紧密结合起来。

利用二维码支付可以打通线上线下交易，甚至会让很多传统业态发生改变。以零售为例，用户到商场看中一款商品，可以直接用手机扫描二维码支付，既可当场提货，又可与网上购物一样选择配送到家。与在商场通过现金或者银行刷卡交易不同的是，通过二维码交易可以让商家知悉自己的客户。

第三个原因，也可能是最为重要的原因是二维码支付逃避了中国银联通道。在以往所有的线下交易中，对于商户而言，现金找零繁琐，POS机刷卡需要交纳手续费（一般为2%左右）且结算时间长。如果选择二维码支付，商户需要交纳的手续费极低甚至可以获得来自互联网公司的大量补贴，到账速度也比传统交易方式更快。

　　在经营利润日益摊薄的当下，由阿里巴巴和腾讯大力推广的二维码支付由于满足了消费者和商家的诸多需求，因此颇受市场欢迎。目前阿里巴巴和1.5万家便利店合作，据财新媒体采访市场人士时透露："如果这次不叫停，阿里巴巴和腾讯在商场里的二维码POS机可能半年就可以突破100万台。因为它们很多的合作都是连锁商家。"

　　当然，二维码交易也有风险。之前已经有很多媒体报道过二维码支付带来的各种风险。首先，二维码本身包含的信息可能有木马病毒，用户扫码之后运行木马造成资金损失；其次，交易信息本身未包含病毒，但由于加密的强度不够，在二维码将信息传到手机的过程中，可能遭到黑客破译、篡改；再次，二维码支付的数字证书、电子签名还不完善，交易发生后的可追溯性不强，一旦造成资金损失，不容易找到对应的真实交易者。

　　不过即便二维码存在着以上诸多风险，但是只要通过一定的技术手段，完全可以避免绝大多数风险。就像普天信息产业公司国际事业本部项目总监乔昕接受财新记者采访时所表示的："用户确立风险意识，明确生成二维码的商家信息之后再去扫二维码，可以在很大程度上保证交易的可追溯性；安装二维码检测软件，对二维码传递到手机上的信息实行安全扫描，确定安全之后再继续下一步的动作,可以防木马防病毒;对生成二维码的信息提出加密等级的标准,最大限度地避免信息被窜改的可能性。"而一个可供佐证的证据是,到目前为止,市场上并没有大规模的二维码支付风险产生,或者说监管部门并没有公布相关的数据。

二、暂停二维码支付是否妥当?

3月24日,央行支付结算司相关负责人在接受媒体专访时表示:"二维码技术……应用于金融行业,特别是在支付行业,应该还是一个新生的事物,不管国内和国外,目前总体上来讲,都处于一种试点的状态,还是存在着比较大的安全隐患的。"但是,"新生事物"是需要暂停其实施的理由吗?或者有人会持相反观点,正是因为新生,才需要大规模的支付来检验其安全性,央行所要做的就是让市场机构做好风险提示,以免产生不必要的损失,而不是暂停其实施。否则,新技术就永远无法有出头之日。

事实上,市场会提供一个相对安全的支付系统。因为存在市场竞争,市场里的机构会竞相努力给客户提供具有良好用户体验和较低风险的服务。从媒体的报道来看,阿里巴巴、腾讯已经为二维码支付投入了大量人力、物力改进安全机制,从短信验证、手势密码到数字安全证书、保险公司赔付,形成了一套比较严密的安全保障体系。无论是从技术还是激励因素来说,互联网公司都比央行支付清算司更有优势提高安全保障体系:它们是市场的参与者,如果缺乏足够的安全保障,就不会吸引顾客使用这种交易方式。

二维码支付除了其安全隐患会给消费者或者商家带来损失外,在央行看来,它还有一个风险就是洗钱。因为传统的支付必须经过银行和银联,两个机构的审核会减少该风险。但是商家和客户之间的直接交易,极大降低了"洗钱"的风险。我们不怀疑这种可能性,但是需要注意的是,任何一种支付都有"洗钱"的可能。比如说信用卡目前存在着大量套现行为,但这并不是信用卡应该被取缔的理由。有人说,使用现金交易还会有假币,难道就此取消人民币?

需要指出的是，世界上并不存在没有风险的交易。现金交易时可能会收到伪钞，而且现金会携带大量的病菌；银行卡交易也有被盗刷的可能；银行转账则会因为账号和用户名不对而导致资金损失；支票则会面临空头支票的风险……如果只是因为一项支付手段存在缺陷就拒绝它，那么纸币也不会存在，甚至我们还停留在以物易物阶段。即便没有监管部门的介入，市场也会挑选出某种合适的交易方式，当我们决定采取该种交易形式时，实际上已经承担了该种交易可能带来的风险。

由此看来，央行在3月11日以出于"安全考虑"为由暂停二维码支付并不妥当。首先，这侵犯了消费者的选择权。二维码支付之所以能够在市场上大面积推开，最为重要的原因是它和消费者、商家的利益在某种程度上是一致的。在央行叫停之前，阿里支付已经和1.5万家便利店合作推出了二维码支付，此次叫停直接影响了这些消费者的选择，尽管到目前为止阿里支付没有公布使用二维码支付的具体人数，但是从市场规模来看，这种人并不在少数。叫停二维码支付而改用现金或者信用卡，直接增加了消费者收银时的等候时间，增加了交易成本。

其次，处罚主体是否适格？按照中国人民银行颁布的《非金融机构支付服务管理办法》（以下简称《管理办法》），如果支付机构的行为不符合该办法的规定，只有"中国人民银行分支机构"才具有要求"限期改正，并给予警告或处1万元以上3万元以下罚款"的权力。但是这次"暂停二维码支付"的决定是由中国人民银行支付结算司以《中国人民银行支付结算司关于暂停支付宝公司线下条码（二维码）支付等业务意见的函》的形式作出的。在该函中，中国人民银行杭州中心支付的支付结算处负有"及时向支付宝公司提出监管意见，要求其立即暂停线下条码（二维码）支付、虚拟信用卡有关业务"的职责。到目前为止，媒体并没有提及"暂停二维码支付"的决定到底是杭州中心支行作出还是该支行的支付结算处作出。很显然，如果是支付结算处作出的决定，就不符合《管理办法》中有关"罚则"的规定，因为支付结算处并不是中国人民银行分支机构，而只是杭州中心支行的一个内设机构。

再次，"暂停二维码支付"是不是一种行政越权？按照《行政处罚法》的规定，行政处罚的种类可分为"警告、罚款、没收违法所得、没收非法财物、责令停产停业、暂扣或者吊销许可证、暂扣或者吊销执照、行政拘留或者法律、行政法规规定的其他行政处罚"。很显然，"暂停二维码支付"并不是一种行政处罚，而且在《管理办法》中也没有规定"暂停营业"这一处罚形式。《管理办法》第四十二条和第四十三条规定了 14 种可能让支付机构导致接受行政处罚的事由，并没有一种与"二维码支付"有关。即便是违反了这 14 种规定，也只有"责令限期改正"、"罚款"或者"注销支付许可证"等处罚，并没有"暂停支付"这一条。由此可见，央行"暂停二维码支付"的行为可能是一种行政越权行为。

三、合法性存疑的"支付业务许可证"

说到第三方支付的法律监管，2010 年由中国人民银行颁布的《非金融机构支付服务管理办法》是一个绕不开的话题。

该办法规定了所谓的非金融机构支付服务是指"非金融机构在收付款人之间作为中介机构提供下列部分或全部货币资金转移服务：（1）网络支付；（2）预付卡的发行与受理；（3）银行卡收单；（4）中国人民银行确定的其他支付服务"。在这条办法中同时把网络支付定义为"依托公共网络或专用网络在收付款人之间转移货币资金的行为，包括货币汇兑、互联网支付、移动电话支付、固定电话支付、数字电视支付等"。

需要指出的是，在这个办法出台之前，通过网络进行的第三方支付在很大程度上属于监管真空。此前央行对预付卡、银行卡收单等行为是有规范可依的，但是对网络支付，央行实在没有太多经验可循。如果监管过严，会扼杀一个迅速成长的市场；如果监管过松，则会遭致民众反对。也正是如此，央行也只有静观其变，等待时机成熟再行动。

在中国第三方支付市场已经初步成熟的 2010 年，央行以部门规章的形式颁布了《非金融机构支付服务管理办法》（以下简称《办法》），对传统上属于监管真空的"第三方支付"做了规范。在这个《办法》中，央行一改以前对第三方支付放任不管的态度，而是直接宣布非金融机构从事支付服务需要申请。《办法》第三条规定："非金融机构提供支付服务，应当依据本办法规定取得《支付业务许可证》，成为支付机构。"同时还指出，"未经中国人民银行批准，任何非金融机构和个人不得从事或变相从事支付业务"。

那么，什么样的非金融机构才可以申请从事"支付业务"呢？《办法》第十条对申请成立支付服务公司的出资人除了做形式上的规定外，还强调了三个实体性要件：（1）截至申请日，连续为金融机构提供信息处理支持服务2年以上，或连续为电子商务活动提供信息处理支持服务2年以上；（2）截至申请日，连续盈利2年以上；（3）最近3年内未因利用支付业务实施违法犯罪活动或为违法犯罪活动办理支付业务等受过处罚。

在这三条中，核心一条就是"连续为金融机构提供信息处理支持服务2年以上，或连续为电子商务活动提供信息处理支持服务2年以上"。央行之所以要设定这样一个条件，是基于"父爱主义"的一种考量：一个没有任何相关经验的公司要从事支付业务，必然会带来各种不便——不便于保护消费者利益，也可能会酿成金融风险。

不过央行的这个规定实在是多虑。至少从过去的经验来看，那些优秀的第三方支付公司绝大多数都不符合这个规定，美国贝宝（PayPal）公司的发起人并没有这样的经验，甚至还不符合出资人连续盈利2年以上的记录。马斯克在创立PayPal公司前身X.com之前，并没有任何从事支付的经验，但这并不妨碍PayPal成为当今世界电子支付业的执牛耳者。事实上，现在最为知名的网络支付公司都没有这个经验。

为什么没有支付经验的公司会成为这个行业的领先者？很重要的一点就是作为颠覆者，以前的经验可能是它今后成长的桎梏，这也可以解释为什么第三方支付的客户体验会优于银行，而小银行的支付体验会优于超级大银行的重要原因。对于金融机构而言，支付实在是一个微不足道的行业，不值得如此花费心思。

从这个意义上来说，央行设定的这个条件属于画蛇添足。不过央行对第三方支付进行管理的最大弊病并不在于它对支付服务的行政许可是否合理，而在于它设定行政许可这一行为有违法嫌疑。

《行政许可法》第十二条规定了可以设立行政许可的 6 种实体情形，同时在第十四条和第十五条对设定行政许可的形式要件做了规定："法律可以设定行政许可。尚未制定法律的，行政法规可以设定行政许可。必要时，国务院可以采用发布决定的方式设定行政许可"；"尚未制定法律、行政法规的，地方性法规可以设定行政许可；尚未制定法律、行政法规和地方性法规的，因行政管理的需要，确需立即实施行政许可的，省、自治区、直辖市人民政府规章可以设定临时性的行政许可。临时性的行政许可实施满一年需要继续实施的，应当提请本级人民代表大会及其常务委员会制定地方性法规。"

如果按照这个规定来看，国务院部委并没有设立行政许可的权力。《办法》第一条指出，该办法是根据《中华人民共和国中国人民银行法》（以下简称《人民银行法》）等法律法规设定，同时明确该办法的目的是"为促进支付服务市场健康发展，规范非金融机构支付服务行为，防范支付风险，保护当事人的合法权益"。但是它并没有明确指出是依照《人民银行法》的哪条规定，更没有明确设立行政许可的依据何在。

《人民银行法》第四条规定了中国人民银行的十一项职责，其中第八项是"维护支付、清算系统的正常运行"。确实，按照这个条款，包括支付系统在内的金融交易和结算系统是央行的法定职责所在，就是因为这个规定，使得银行间市场不受证监会管辖，而是受人民银行监管。但需要注意的是，维护"支付、清算系统"的正常运行是不是意味着任何一个支付行为都要受央行的管辖？甚至央行就因此获得了发放行政许可的权力？很显然，维护"支付、清算系统"并不意味着央行对每一笔支付都有管辖权，而"职责"也不等于"许可"。

一般而言，现代社会的监管除了发放许可以外还有其他形式，比如信息披露、设定标准和缴纳税费等。在所有这些形式中，尤其是发放许可最不可取，因为它会降低市场竞争，某些领域的许可甚至会成为政府部门相关人员寻租设租的通道。也正是基于此，《行政许可法》第十三条特意强调，只要能够满足以下四个条件，就可以不设行政许可："（1）公民、法人或者其他组织能够自主决定的；（2）市场竞争机制能够有效调节的；（3）行业组织或者中介机构能够自律管理的；（4）行政机关采用事后监督等其他行政管理方式能够解决的。"

在 2010 年央行发放第三方支付行政许可之前，市场上已经存在着诸多提供支付服务的公司，从这些公司的运营来看，也并未出现大规模损害消费者权利和导致支付风险的行为发生，这意味着第三方支付完全可以通过市场竞争来解决消费者权利保护问题。至于支付风险，央行也可以通过信息披露和设定标准等方式来达成，没必要通过发放许可这样最原始的监管形式。

从 2010 年央行设立支付许可以来，市场上共有近 250 家公司领取了支付服务行政许可——提供网络支付服务的共有 100 多家，几乎没有机构因为行政许可而被拒之门外。也正是如此，有媒体感叹央行的开明：若没有央行的支持，哪里会有第三方支付市场现在的繁荣？必须指出的是，第三方支付的繁荣并不是央行的支持造成的，而是市场发展的必然。不过这也从一个侧面证明了当初对第三方支付设立行政许可的决定可能过于鲁莽。

四、二维码支付的规制悖论

已经有很多人指出，金融创新实际上就是市场机构不断绕过监管的过程。从二维码的产生来看，确实如此。

按照《办法》，目前的支付牌照可分为四类："（1）网络支付；（2）预付卡的发行与受理；（3）银行卡收单；（4）中国人民银行确定的其他支付服务。"在很多人看来，无论是支付宝还是理财通，都是以网上支付之名而做着线下收单的业务，还避开线下业务的一系列监管规定，也正是如此，很多市场人士认为这不符合公平监管的原则，也冲击了市场。

在传统的线下 POS 刷卡支付中，刷卡手续费是按照 7∶2∶1

来分配，即发卡行服务费（7）、银行卡清算组织网络服务费（2）、收单服务费（1）。按照发改委最新下调后的费率计算，以费率居中的一般类为例，包含百货、批发、培训、中介等，刷卡手续费达0.78％，其中，发卡行服务费为0.55％（批发类封顶20元），银行卡清算组织网络服务费0.08％（批发类封顶2.5元），收单服务费为0.15％（批发类封顶3.5元）。而费率较高的餐饮娱乐类，包括餐饮、酒店、娱乐、珠宝首饰、房地产、汽车销售，刷卡手续费合计高达1.25％。

但二维码支付的出现，彻底改变了这个利益链条。虽然二维码是线下支付，但其走的是网上银行通道，所以费率不仅不受发改委的规则限制，而且相对而言低了不少。据知情人士透露，目前支付宝、财付通的二维码支付费率只有0.6％左右，其中分成的只有两方——支付公司和银行。

不过，以此来指责二维码支付违规甚至不公平竞争可能有失偏颇。因为在《办法》中，央行把"网络支付"定义为"依托公共网络或专用网络在收付款人之间转移货币资金的行为，包括货币汇兑、互联网支付、移动电话支付、固定电话支付、数字电视支付等"。换句话说，线下的二维码支付实际上并未改变其属于"网络支付"的本质形式。

通过这种支付形式，商家减少了手续费支出，消费者获得了更为便捷的支付服务，比如说近一段时间打车软件的推广，很大程度上就是因为它有着比现金支付更好的用户体验。更为重要的是，它并不违背目前所有的法律规定。既然它不违背法律，又有何种理由叫停呢？

当然，新技术的兴起必然会带来一些利益受损者，二维码支付也不例外。如上所述，收取二维码交易手续费的只有支付公司和银行，传统线下收单业务最大的受益者银联被排除在外。除了银联以外，四大国有银行也颇受冲击，因为这些机构发行的银行卡最多——如果都绕开了线下支付的规则，那么原本近70％的发卡行服务费将大幅萎缩。也正是如此，目前国有银行对支付宝呈"围剿"之势。

在谈及金融创新应当遵循的原则时，中国人民银行条法司司长穆怀朋指出四个要点："第一个是产品创新应该有利于实体经济的发展，应该是以服务实体经济为目标。第二个是创新应该有利于宏观调控和金融稳定，如果有些业务的创新对于市场稳定、对于流动性管理产生很大的影响。第三个是创新还要公平，一定要鼓励公平竞争。有些传统金融机构做的事情，在我们的监管规则中有很严格的监管，那么如果引入到互联网金融企业去做的时候，应该也遵循同样的金融标准。最后还应该有利于消费者权益保护。"

如果抛开利益之争，我们就会发现，目前二维码支付并不存在着违法违规行为，对于这样让消费者和商家都得利的创新行为，央行用"暂停实施"的方式可能不太妥当。简单的支付行为并不会危及金融稳定，更不会对流动性管理产生影响，很简单的一个事实是：二维码支付并不产生新的信用——所有的支付都是依托于银行卡，无论是借记卡还是信用卡。

1990 年，时任芝加哥大学法学院教授的桑斯坦（Cass R. Sunstein）在《芝加哥大学法律评论》发表了一篇题为《规制国家的悖论》的论文，讨论了在现代规制国家（regulatory state）中政府规制的四个悖论。在桑斯坦看来，政府在规制活动中存在着四种悖论，分别是：（1）要求采用最佳可得技术就是阻碍技术发展；（2）为了健康和安全利益而规制新风险就是使旧风险继续存在下去，并因此削弱了健康和安全；（3）通过规制进行再分配的努力最终反而伤害了最弱势的社会成员；（4）严苛的规制控制导致了规制不足。

尽管桑斯坦所说的规制悖论主要是针对环境、安全和卫生的社会性规制领域，但很显然，这种悖论并不只是在社会性规制领域存在，在金融领域也广泛存在。央行"暂停"二维码支付的决定，实际上也体现了这种规制悖论。（1）要求用最佳可得技术实际上阻碍了技术发展。如果大家都用信用卡交易，那么就不会有比信用卡更好的支付方式出现——事实上信用卡交易也是近 50 年的事。（2）为了支付安全而规制二维码支付的新风险，结果使得假钞和信用卡诈骗等旧风险继续存在下去，并因此降低了支付安全。（3）通过规制确保每一位消费者都能够得到安全的支付环境最终损害了这些消费者的安全：他们要为等候交易而牺牲更多的时间。（4）严厉的规制导致了规制不足：尽管"暂停"阿里巴巴和腾讯等大公司的二维码支付，但是对于其他一些没有取得第三方支付牌照的二维码支付，央行显然是鞭长莫及，而它们的安全性显然更低，或者说市场上最终只剩下了一些不具有支付能力的二维码支付。

五、结论

　　无论是从支付机构的行为还是相关法律的要求来看，目前有关"暂停二维码支付"的决定并不十分妥当。二维码支付并不在实质意义上损害消费者的权益，同时也不会对金融安全构成大的威胁。既然如此，那么就请相关规制机构停止"暂停"，放行二维码，让消费者享受其支付便利，也让这些支付企业在市场竞争中提高它的安全性。

　　当然，对于二维码支付可能出现的"洗钱"风险，监管机构完全可以和相关公司配合，通过设定相关标准和完善信息披露等形式来完善支付，而标准的设定和信息披露的形式必须是在发展中解决，而不是像现在这样"暂停"了之。

　　央行"暂停二维码支付"的举措，再一次证明了桑斯坦在《规制国家的悖论》中提出的设想，为了让规制机构的"悖论"更少，由司法机构审查规制机构的行为必不可少。尽管桑斯坦是20年前针对美国所提出的举措，不过在我看来，在缺乏司法审查机制的中国，这个任务可能更为艰巨。

影子银行与监管

周莉萍*

2014 年 1 月 31 日，"金开 1 号"集合信托计划濒临违约，最终却由政府协调安排相关机构接手埋单，保持了刚性兑付。这一严重的市场违约事件的解决路径，引起市场一片哗然，关于影子银行体系的监管问题再次被推上风口浪尖。影子银行监管机制走向不仅将决定影子银行体系的存续，也牵涉中国金融结构转型、经济体制转型等重大宏观问题。

本文从金融结构转型视角关注中国影子银行体系的监管问题。第一部分简析中国影子银行体系的本质、起因和作用。第二部分以美国金融结构转型期（20 世纪 80 年代）的金融监管体制变化为典型案例，深入剖析金融结构转型期金融监管的基本理念、目的、最优监管体制和规则。第三部分剖析中国经济金融发展的基本动向，金融结构转型的重大意义及其与影子银行体系的密切关系。第四部分从微观层面和宏观层面提出影子银行体系的监管思路设想。

＊ 周莉萍，中国社会科学院金融研究所副研究员。

一、中国的影子银行体系

（一）影子银行的本质

国际社会公认的影子银行体系本质是非银行信用中介，大致范围是那些通过信用风险转移和高杠杆发挥银行核心功能（期限转换、流动性转换，笔者认为即构成信用创造功能），但没有受到银行监管的非银行金融机构。**在中国，影子银行体系发挥信用创造功能的方式大多是直接信贷，在其他发达国家大多是资产证券化链条。**从资产负债角度来看，中国影子银行体系的负债端已经脱离商业银行等正规金融体系，以金融创新的方式——各类理财产品获取市场化融资；但其资产端并未实现市场化，而是以原始信贷方式抢夺商业银行未进入的信贷领域。美国的影子银行体系主要是围绕住房抵押贷款的、资产证券化的一系列市场型金融机构，包括政府发起的证券化机构如房利美和房地美、货币市场基金、信用对冲基金、私募股权基金、金融公司、结构投资实体、资产支持商业票据管道、投资银行。这些机构分别充当了证券化体系的资金来源、贷款原材料创造和采购、产品研发和销售等角色。其基本运行过程是：金融公司等机构用质押方式获取短期融资，如商业票据和回购协议等，从货币市场基金融得短期资金，购买大量基础资产主要是商业银行贷款；投资银行等机构将其打包组合成为各种结构金融产品或衍生产品；最后出售给机构投资者和个人投资者。可以看到，金融结构的差异导致中国的影子银行体系的资金大多直接投向信贷，美国的影子银行体系资金则主要投向资本市场。国内影子银行体系是中国金融体系脱媒的过渡性产物，因金融体系的融资难题、商业银行体系面临的种种困境而产生，与地方政府、商业银行保持着千丝万缕的联系，而美国的影子银行体系则是金融市场高度发达的产物。

（二）中国影子银行体系发展概况及产生背景

利率市场化进程处于过渡阶段，是中国影子银行体系源起和发展演变的一个重要背景。国内的影子银行体系源起更多地与利率管制、信贷规模控制有关。存款利率上限没有放开，导致资金脱媒；信贷指标控制，导致其他形式的信贷充斥市场，而其资金来源正是大量脱媒的资金。于是，我们看到的结果就是：一方面，各方面都符合监管要求、严格被约束在银行监管框架之内的"整齐方阵"——商业银行体系；另一方面，不受银行监管的影子银行体系异常活跃——用各种金融工具（理财产品）融资，然后通过信托等方式发放贷款。

目前的官方文件——国务院 107 号文将国内的影子银行体系初步分为三类，分类思维依然是有无金融牌照及监管差异性。笔者认为，从复制商业银行核心功能的广义角度来看，中国的影子银行体系活动目前包括各种通过财富管理产品或其他存款之外的融资方式获取资金，然后用于合法的非银行信贷或非法的非银行信贷活动。合法的非银行信贷包括商业银行表外信贷、上市公司或个人委托贷款、信托贷款、小额贷款公司贷款、典当行贷款、网络 P2P 贷款、消费金融公司贷款。这些机构都不具备吸收存款的功能，资金来源方式多样化，但都通过银行或非银行途径发放贷款、创造信用。非法的非银行信贷则包括高利贷、违规票据交易、担保公司非法集资和非法放贷。合法的非银行信贷活动已经处于现有的金融监管体系中，只是接受的不是银行监管标准，而是基于机构监管的相应标准。非法的非银行信贷是现有法律直接禁止的活动，属于违法或违规操作，尚没有完善的监测体系。按照谁批准谁监管的原则，国内广义的影子银行机构及其监管概况如表1所示。

表1 广义的中国影子银行机构及其监管概况

影子银行机构类型	监管机构	主要的监管法律
商业银行表外理财机构	银监会	《商业银行法》
证券公司部分资产管理业务	证监会	《证券市场投资基金法》
信托公司部分业务	银监会	《信托公司管理办法》
小额贷款公司	省或直辖市金融办	小额信贷公司管理办法
融资租赁公司	银监会、商务部	《金融租赁公司管理办法》、《融资性担保公司管理暂行办法》
典当行	商务部	《典当公司管理办法》
网络贷款	暂无	暂无
私人、企业之间的高利贷	暂无	暂无
违规票据交易	暂无	违反《票据法》
担保公司、投资公司非法集资和非法放贷	暂无	违反《中华人民共和国担保法》、《融资性担保公司管理暂行办法》

资料来源：笔者自行整理。

关于国内影子银行体系的规模，目前银监会和人民银行等主管机构尚无确切的统计口径和标准，学者的理解也比较多元化。本文提供了一种可以参考的理论统计口径，详见后文。

（三）影子银行体系的作用

银行监管要求越高，越接近季节性因素来临之际，影子银行体系越活跃。很明显，货币政策和银行监管的实际效果变弱了，实体经济的部分融资突破了现有金融体系的约束，有好的方面——原本被商业银行边缘化的企业现在有途径融资了，也有坏的方面——原本该被市场淘汰的企业因获得融资而继续存活着，扰乱了市场生态环境。在一个不完全信息社会，商业银行受资源约束，按照监管当局分配的信贷规模指标来筛选贷款对象，不可能完全识别并照顾到最有效的贷款对象。因此，影子银行体系对现有银行体系的补充作用不可否定。另外，如果影子银行陷入"短期趋利"陷阱，可能会将资金投入房地产行业而非实体经济，从而助长投机，抬高资产价格，最终承受经济泡沫破灭的风险。因此，影子银行体系的资金流向等综合因素决定了其对实体经济的最终作用。

影子银行体系是否要监管，如何监管，用什么样的工具监管，是摆在中国的货币机构和金融监管机构面前迫在眉睫的难题。美国在20世纪80年代也经历了利率市场化进程的最后阶段，也面临当时各类非银行金融机构及其影子银行的活动，当局对银行机构、非银行金融机构、金融市场的反应千差万别。如果将这段历史的时间维度拉长至2008年金融危机，或许我们更能看清楚金融监管为美国金融体系带来的"得"与"失"。

二、经济体系需要怎样的金融监管：从20世纪80年代的美国谈起

（一）金融结构转型期的美国金融监管体制变化

金融体系中的银行风险和非银行金融机构风险哪个更大？金融监管者历来是如何差别对待二者的，为什么？回答此问题的起点可以从一个典型案例说起，即20世纪80年代的美国。这一时期，美国已经完成利率市场化进程，金融结构处于转型过渡期：金融脱媒成为常态，银行业经历了大萧条以来的最严重的危机（储贷危机），股市经历了1987年动荡，但活跃于金融市场中的金融创新工具和非银行金融体系得到充分发展。金融创新（非银行金融机构、金融工具出现和繁荣）与银行体系、证券市场的动荡并存，监管当局的反应完全不同（Litan, et. al, 1994）：银行业监管依然处于核心地位，而且当局对银行业监管更加细化，不同类型的存款类机构分别监管；鼓励金融创新，放松金融市场的监管，放松对非银行金融机构负债的管制，如对货币市场基金等财富管理产品制定投资规则和门槛（如投资AAA级证券），总体

放松管制，鼓励其发展。

表 2　20 世纪 80 年代的美国金融体系：危机与政策反应

年份	危机事件	政策反应
1980—1982	储贷机构倒闭潮	放松存款利率，扩大储贷机构的权利，设定更高的存款保险上限，放松监管
1982	欠发达国家债务危机	联储合作支持发放银行贷款
1984	大陆伊利诺伊银行倒闭	监管层出手相助，保护不受保护的存款人
1985	俄亥俄和马里兰州储贷机构挤兑	冻结账户，联储通过再贴现进行窗口贷款
1987	股票市场崩溃	联储通过再贴现进行窗口贷款
1988—1989	储贷机构第二波倒闭潮	联邦清理整顿，对其要求更高的资本标准
1989	股市大幅下降但未崩溃	无
1989	垃圾债市场崩溃	无

资料来源：Litan, et al.，1994.

　　需要特别注意到的历史现象是，美国在这一时期同时完成了金融结构的转变，彻底从间接融资为主转为直接融资为主，推动美国的金融市场成为国际上最强大的市场；此后，美国经济迎来十余年的稳定发展，也就是所谓的大温和时期（great moderation，Stock and Waston，2002）。有经济学家认为，美国政府在此期间的放松金融监管并保持政策规则稳定，是大温和的重要促成因素之一（Taylor，2011）。由此，这种监管模式背后的理念和依据问题，才更有深究的价值。

（二）金融监管的基本理念和目的

　　什么类型的金融活动需要监管，哪些则无需监管？金融监管框架的改变往往是在金融动荡或危机之后，即危机导向型金融监管。但是，1987 年之后，资本市场和银行体系的监管和救助就划分得比较清晰，银行业始终被作为金融监管的核心，资本市场则淡出救助视野。对于银行体系，什么地方出问题了，就必须强化监管，秉持"有则改之，无则加勉"的理念。美国是市场主导型金融结构，银行体系在其金融体系中所占的份额越来越小，其监管态度和这种金融结构结合起来只能说明一个问题：美国金融体系大体已经市场化，市场主体对自身运营后果负责，优胜劣汰成为非银行金融机构的生存规则。银行体系则不同。银行体系可以积累储蓄、发放贷款、派生存款、为机构和个人提供流动性，这些基本功能决定了其在金融体系中的核心地位。无论其总体占比有多小，其挤兑风险可能造成更大范围的不信任都会使整个金融体系崩塌，必须始终保持微观审慎监管。于是，银行体系的监管负担相对大于活跃在金融市场的非银行金融机构，金融脱媒和非银行金融机构的兴盛繁荣在某种程度上是监管结构推动的后果。为了达到监管标准同时又不失时机拓展资产业务，在小布什时代充分发放房屋按揭贷款的银行体系，在国家的金融支持（设立"两房"承接商业银行的贷款出售）和资产证券化等市场创新推动下保持了长期的繁荣稳定，一扫金融脱媒带来的被动局面。

即使在 2008 年次贷危机爆发之际，美国的银行体系总体上也比较稳健，加上银行体系始终有较为完善的金融安全网支持，部分濒临破产的投资银行也临时重组为银行控股公司，进入银行系金融安全网的保护范围。因此，2008 年次贷危机明显是金融市场的危机、非银行金融机构（影子银行体系）的挤兑危机。美联储选择救助两房和客户范围较广的 AIG 集团等，放弃救助雷曼等非银行金融中介，最终，雷曼倒闭引发影子银行体系崩溃，美国金融体系遭受重创，损失远远超出美联储最初的估算。美联储最终转变态度，开始通过量化宽松货币政策及不良资产救助计划，救助货币市场基金等影子银行体系。

从 1987 年至 2008 年次贷危机，美联储的监管理念发生了转变：对非银行金融机构从不救助到救助。其背后的一个关键问题是，为什么银行体系没有受到冲击，整个金融体系的弹性却不如 20 世纪 80 年代？次贷危机也冲击了美国金融监管当局的传统理念。于是，2008年金融危机之后，全球出现了一种新的金融监管理念——宏观审慎，基于防范系统性风险，将所有具有系统重要性的银行、影子银行和金融基础设施都纳入宏观审慎监管范围，意图克服具有"个体理性"特征的微观审慎监管带来的"集体非理性"。主要发达国家和大部分新兴经济体都接受了这一新的监管框架，部分国家已经开始实施新的监管计划。

（三）最优监管体制和规则取决于监管动机

从美国的金融监管体制变迁再回到本文最初的问题：经济体系需要怎样的金融监管？答案可以简单归结为：最优监管体制和规则主要取决于监管动机。虽然影响一国金融监管体制的因素有很多，如技术因素（ATM机的产生曾使监管当局取消对分支行的限制）、法律因素和经济冲击等，在这些因素之外，监管动机是决定金融监管体制走向的主要因素。而当局的监管动机一般包括保持金融稳定、保护金融消费者利益、鼓励金融创新、保持市场价格统一有效。

根据上述观点我们可以看到，在美国金融市场大发展前期，银行体系屡次发生危机，蕴含潜在的系统性风险，银行主导型金融结构不可持续。金融监管当局侧重鼓励金融创新、大力发展金融市场和市场型金融中介，以转变金融结构。由此，才会出现上述金融监管体制。随着美国的金融结构转变，银行储蓄率降至历史低点而市场型非银行金融机构得到发展，影子银行体系的客户群体比商业银行体系更广，且商业银行体系的负债也高度依赖影子银行体系，影子银行体系的崩溃会产生当年类似于银行挤兑的风险传染效果，最终也会引发更大范围的对金融体系的不信任，导致金融危机。为了保持整个金融体系稳定，美联储重新审视银行体系和影子银行体系、金融市场的融合以及金融结构的重组，从而转变了金融监管体制。

三、中国的金融体系转型与影子银行体系监管问题

美国经验和教训给我们的基本启示有两点：一是中国的影子

银行体系需要怎样的监管，取决于当局的监管动机；二是利率市场化和金融结构转型的最终结果是，商业银行体系和金融市场、影子银行体系高度融合，影子银行体系将变得更加重要。监管动机与整个经济、金融体系发展导向紧密相关，监管最终是为经济金融体系发展保驾护航。从公开的历史资料和政策措施来看，在不同的发展阶段，国内的金融监管动机或目的包括：稳妥化解长期累积的历史包袱，保持金融体系稳定，防范系统性和区域性金融风险，推动银行体制改革，保护消费者，金融服务于实体经济等。在特定的历史阶段，依据经济发展需要和金融体系的问题，金融监管当局权衡利弊，侧重不同的监管动机。

（一）当前国内经济金融体系发展的关键词：转型

当前中国最重要的发展背景就是，中国的实体经济和金融体系都面临转型。中国的金融体系自改革开放以来就是银行主导型结构，长期以来支撑中国经济的高速发展。期限错配既是资金配置缺陷，也是商业银行利润的主要来源，本身是一个中性的金融安排。试问，中国商业银行体系借短贷长的期限错配为什么一直没有出现问题，而在2013年就集中暴露了呢？答案很简单，银行体系配置的长期资产的收益降低了，现金流回收速度放缓了，越来越无法弥补短期资金成本。其实，其背景就是中国经济转型：中国经济经过30余年平均高达9.8%的增长，目前正在由"结构性增速"时期进入"结构性减速"时期。这意味着，2013年及今后一段时期我国的经济增长将落在一个位于7.5%左右的较过去30年平均水平略低的平台上（李扬，2013）。随着中国经济的转型，银行主导型的金融体系积累了太高的信用风险，将越来越难以为继。这种情况非常类似于20世纪70—80年代的美国，过度依赖银行体系等间接融资，此后在80年代美国爆发了严重的储贷危机，当局自此开始重新放松金融监管，调整金融结构，大力发展非银行金融中介和金融市场。

中国金融体系原有的发展路径也遇到了瓶颈。资金价格要素的市场化如利率市场化进程加剧了银行体系的资产负债错配的程度，结合政府主导与政府隐性担保的特征，开始凸显银行体系配置信贷资源的低效。具体而言，其基本的形成机理是：庞大的商业银行体系聚集了大量廉价资金，形成资金垄断地位。由于长期偏好大型国有企业，使资金配置出现两种极端：一端是获取优惠贷款的国企，其资金富裕程度高至可以开设小额贷款公司，二次转手贷款；另一端是大量资质稍差的中小企业无法获取贷款。多层次的金融市场体系尚未形成，全社会以银行信贷和影子银行信贷形成过多的信用，推高了社会融资杠杆，形成潜在的信用违约风险。与此同时，在社会财富的积累过程中，国民财富建立在脆弱的信用主导型融资机制上，从长远来看是不稳固和不可持续的，增加了整个金融体系的脆弱性。

为什么银行主导型金融结构不再适合中国？总体而言，随着中国经济的发展，中国经济可持续增长不能再过度依赖高投资等拉动需求的因素，必须转向依赖创新机制等影响供给的因素。而在支持企业创新方面，银行主导型金融体系没有市场主导型金融体系效率高。基于实体经济内部发展结构的变化，中国需要功能更加完善、更加富有弹性的金融体系，需要金融市场的大力发展。

（二）影子银行体系与金融结构转型的关系

在这一中长期发展背景下，需要深入研究的问题是，影子银行体系在金融结构转型中充当什么角色？是否会累积潜在的系统性风险，是有助于金融体系转型还是阻碍转型？

前文提出，利率市场化是中国影子银行体系产生的直接因素。利率市场化对商业银行体系的约束最为直接，因此也可以说，影子银行体系产生于不完善的商业银行体系，是一种监管套利行为。利率市场化之前，高利差可以使商业银行在分业经营的框架内保持良好的生存状态。利率市场化之后，商业银行在资产端面临金融市场融资工具的挑战，在负债端面临各种类型理财型产品的竞争，高利差难以为继。也就是说，商业银行获取廉价负债资金等传统优势将逐步消失，突破单一经营约束势必成为一种内在冲动。在这种情况下，影子银行体系实际上有一部分来自商业银行体系"人为推动"的监管套利，也可以称之为有中国特征的"主动式脱媒"。

由此，我们可以清晰地观测到，中国的影子银行体系与商业银行首先有两层基本关系：竞争替代和互补关系。竞争替代性体现在，作为银行体系之外的替代性信贷融资方式，影子银行体系青睐优质客户，也期望能分得一杯羹。互补性体现在，影子银行在没有强大的竞争能力时，更偏好银行不能顾及（宏观调控导向之外的）、银行不愿意顾及（监测成本高、高风险）的企业，与商业银行互补，共同提高全社会的融资效率。"主动式脱媒"体现在二者的第三层关系——合作互利关系，即银行与其他非银行金融机构以合作方式，通过非银行金融机构作为通道，实现银行表外放贷。这种合作的渠道被业内人士称为"通道业务"、"过桥模式"。银行是主要的投融资主体，其他机构作为通道收取过桥费用，典型的合作方式包括银信合作、银证合作、银证信合作等。商业银行"主动脱媒"至少可以说明：（1）商业银行不满足于资产负债表内的业务，有表外扩张、监管套利的冲动；（2）商业银行是影子银行体系的重要资金来源渠道，有学者称之为"银行的影子"；（3）整个金融体系的部分信贷风险、流动性风险等被隐匿，一旦爆发，最终必将传染至银行表内，届时，中央银行会处于两难境地。

在未来，商业银行和影子银行的上述三种关系中，哪一种会走得更远？显然，融合趋势也就是互利合作关系会走得更远。商业银行体系和市场型非银行金融中介的关系都是如此，随着利率市场化进程的完成，商业银行体系会越来越依赖市场型金融中介提供的各类短期融资工具，以弥补金融脱媒带来的资金短缺。

由此，中国的影子银行体系部分由金融体制改革推动，部分是商业银行体系主动脱媒、主动转型的结果，长期来看则是未来的主要发展趋势，作为金融市场的重要组成部分，其发展有利于加速国内金融体系转型，而中国金融结构转型从长远来看能降低银行主导带来的金融脆弱性。

（三）当前国内对影子银行体系的监管框架评析

当前的政策导向是：短期内，无银行牌照的非银行金融机构不能直接从事银行的存款、贷款业务，只能以多种方式包装规避；中长期内，逐步放开民营银行特许，让影子银行转为商业银行，即银行化。而对于银行体系，银行监管部门鼓励商业银行走出"借短贷长"的传统经营模式，涉足投行、基金、保险、租赁、信托、消费金融等非银行金融业务，但要求审慎稳妥推进、保持风险隔离。影子银行仅仅是一种银行牌照特许产生的结果吗？中国缺少商业银行吗？显然，上述导向没有完全认可影子银行体系的创新功能，是基于传统思维的政策选择，深刻体现了银行主导型金融结构的深远影响，从长期来看不利于中国金融结构转型。

当前的监管模式是：多头监管、多层次监管。在没有实现完全的混业经营框架之际，为减少监管套利，及时"捕捉"影子银行体系的潜在风险，当前国内影子银行体系的监管思路很简单：谁的孩子谁抱走。也就是说，银行、保险、证券等监管主体依然在机构监管的框架内，各自监管该领域机构从事的影子银行活动，防范风险并按原有框架负责行事。

这样做的原因和效果如何？原因是，中国没有类似日本的《金融商品交易法》，2012 年新修订的《证券投资基金法》没有被现有监管当局接受并执行到位，无法在统一的框架内约束影子银行体系，目前只能基于原有的机构监管框架进行监管。多头监管、多层次监管必然助长市场混乱。这种监管模式不仅会导致监管真空，还会出现为了保全自己、彻底降低风险而消灭影子银行体系的极端情形。消灭了影子银行体系就等于消灭了市场型金融中介和未来的金融市场。从金融体系转型的角度来看，这种模式不利于金融市场的发展和金融转型。

融合是银行体系和金融市场未来的发展趋势。一方面，随着金融消费需求引致的机构和工具竞争，商业银行将越来越依赖金融市场的各种期限的融资，融资工具中被动的存款将不再占据核心地位，市场型非银行金融中介提供的大额可转让定期存单、商业票据、资产支持商业票据、回购协议等将成为其主动融资的方式。另一方面，商业银行的负债转向金融市场也将大力推动金融市场的发展。但影子银行体系显然存在期限错配、流动性转换、信用转换、高杠杆等风险，风险管理必须到位才能规范该行业发展。

在目前的金融结构转型过渡时期，什么样的监管机制能达到既保持影子银行体系的创新活力又减少监管套利、防范其潜在风险的效果呢？

四、影子银行体系未来监管思路设想

其实，全球各国都面临着上述难题。经济体系需要影子银行体系这种金融创新，以推动金融体系深化、削弱金融脆弱性、降低信贷门槛、促进增长等，但也必须对其加以规范和监管，以保持整个金融体系的稳定。尽管金融制度与发展水平不同，但监管的基本思路也应该是在合理的金融机构监管负担与金融创新水平、金融发展稳定之间寻找平衡。在保持上述基本理念和指导方向的前提下，影子银行体系已经到了非监管不可的时候吗？对这一问题的判断和回答决定了监管的方式和程度。

我们的基本判断是，中国的影子银行体系作为一种金融创新，其发展才刚刚开始，远未成熟。毁灭式的监管显然不合适，鼓励且规范的监管态度更为合适。基于此，对于影子银行体系可以采用直接和间接的监管方式，包括保持监测、设计合理的工具应对四类潜在风险、继续推动金融结构转型以疏通影子银行体系发展渠道。

（一）微观层面

1. 监测影子银行体系

在国际社会中，货币政策及其执行部门被置于金融稳定的主导者地位。当货币政策成为一种金融稳定工具时，其先行工具就是货币统计。监测是进入监管的前提，可以减少信息不对称，用以准确判断其对经济体系的实际影响。货币统计需要微观细致的会计、审计工作基础，也需要完善的统计思路和工具。

当前，金融稳定理事会（FSB）跟踪影子银行体系的资金流向的方法是"广撒网、细捕鱼"：先将原来隐匿的非银行中介活动"放在聚光灯下",纳入监测范围,然后仔细分析其是否产生了期限错配风险、信用转换风险、流动性风险、高杠杆等后果,再最终认定影子银行机构(信用中介)范围及其资金流动规模。

中国影子银行体系目前的统计难题与国际同步:并不是某一类机构属于影子银行,往往是某些机构的某一类活动,甚至是某一类业务中的一部分属于典型的信用中介活动。因此,从存量的角度统计分析影子银行体系存在很大的误差。某个时间点上影子银行机构的资产负债表能反映其资产负债基本概况,却不能准确地显示其从事的信用创造活动有多大。如果统计年末影子银行体系的存量,必须有非常详细的调研和统计分析,以确保能够获得核心结构性数据。从研究的意义来看,影子银行活动规模适合用增量、流量概念来统计监测。流量可以显示出某一段时期内,全社会新增的中长期信贷(合法的、不合法的)中有多少来自影子银行体系,能较为准确地反映影子银行体系的真实活动概况和金融体系运行的结构。

无论是存量还是流量,都可以按另外一种维度进行统计,即资金从哪里来、资金到哪里去是两种可能的统计思路。(1)从金融中介负债角度直接统计。(2)从金融中介资产角度间接统计。

直接的规模统计比较困难,原因在于:(1)很多非银行金融机构吸收存款的数据没有显示在资产负债表内,很难统计。(2)部分银监会监管范围之内的业务和机构已经受到了更加严格的监管,性质有所转变,期限转换等特征成为偶发现象,并非常态,故难以准确统计和定性,例如商业银行理财产品。一对一的建账直接消除了整体的期限转换、流动性转换功能,个别理财产品通过滚动发行投资于长期债务项目的行为也在一定的监控范围之内,基于原有模式的期限转换活动已经得到控制。

间接的规模统计能够大致说明总体的规模。影子银行体系用银行之外的资金最终投入中长期信贷资产。社会融资规模没有包含民间贷款数据,包括了所有合法合规信用中介的总信贷资产数据,但没有具体的结构性增量数据。可以通过观察社会融资规模的一部分和民间贷款,监测中国的影子银行活动。未来可行的一种增量估算方式为:

　　　中国影子银行体系的信用创造规模＝当期社会融资规模
－外币贷款－商业银行中长期人民币贷款－部分信托贷款－
委托贷款－企业发行的合规债券、票据＋民间贷款＝部分非
银行金融机构人民币贷款＋部分信托贷款＋民间贷款

　　当前，国内诸多学者或机构是从机构的角度，将某几类认定
的机构或者活动的总规模代表影子银行体系的规模，这种存量统
计结果明显存在虚高和夸大的成分，不能反映影子银行体系的实
际活动。

　　除了规模统计，合理的信息披露机制至少应包括两方面：一
是构建统一、及时、完整的信息收集、处理、共享平台，以统一
不同监管部门与机构（监管部门、交易所和行业协会）的监管标
准，定期汇总、分析、发布市场数据，保证影子银行体系与传统
金融体系中的各参与者能及时、充分了解相关信息；二是加快建
立针对非标准化的场外交易信息披露与监控制度，降低商业银
行、投资者、影子银行关联者之间的信息不对称程度，帮助借贷
双方进行对接，降低交易成本，限制高杠杆金融运作活动，预防
交易风险。

　2. 准确识别四类风险，设计合理的解决机制

　　从影子银行机构和业务本身的风险来看，由于大部分业务都
是简单复制银行业务，中国的影子银行与商业银行有相同风险，
即期限错配风险和流动性风险，但游离于监管会，使后者的风险
更加明显。除此之外，中国的影子银行体系存在的主要风险还包
括流动性风险、法律风险、系统性风险等。具体而言：（1）期限
错配风险。发展实体经济需要大量长期资金，当前影子银行体系
运营的信用大部分是短期信用，所以它必然产生期限错配风险，
这也是整个间接融资体系长期存在的问题。（2）流动性风险。影
子银行体系现有的筹资途径及其快速的运行态势，有可能引发市
场通过组建新的影子银行筹资去"还"旧影子银行的债务，形成
庞氏骗局，引发流动性风险。最典型的引爆方式是刚性兑付。（3）
法律风险。影子银行体系的一些合作协议通过商业银行平台签
订，在商业银行柜台出售。从法律条款来看，银行无需承担任何

责任。一旦出现问题，投资者将投诉无门，产生法律风险。（4）系统性风险。与西方国家相比，中国的影子银行体系发展更为隐秘，既得不到中央银行的监测，也得不到最后贷款人的及时救助。由此，各类风险长期集聚隐匿，存在潜在的系统性风险。

金融本身就是一种风险管理行业，风险是诸多金融机构获利的来源。什么样的风险是有利于金融机构自身发展的，而什么样的风险有可能对整个金融体系造成威胁？监管当局目前需要做的是，一方面准确识别上述四类风险及其传染的路径，另一方面需要制定统一的交易规则和法律制度。现实的做法是，严格按照新修订的《证券市场投资基金法》等法律制度执行投资交易契约，规范影子银行体系的融资产品契约安排，督促其必须履行风险告知义务，明确各种违约情形下的法律责任分担机制，最终实现市场化的投资机制安排，投资方应该承担的风险情形必须贯彻实施。

（二）宏观层面

1. 根除体制弊端

影子银行体系目前出现的市场混乱、法律责任不清、刚性兑付等问题有金融契约自身安排不当的原因，深层次原因则是经济体制弊端未根除。

以近期出现的信托产品刚性兑付事件为例。影子银行体系并不在现有金融安全网范围内，刚性兑付是一种制度扭曲，原本应该由市场投资者承担的风险却由政府安排的机构承担，这是一种不正常的市场投资行为，会扭曲风险定价机制，阻碍金融市场发育。

仔细深究，政府愿意埋单的逻辑很简单：最初参与甚至主导了影子银行体系融资投资，给投资者一种政府隐性担保的信号，误导了投资。如果没有这种信号，很多私人银行客户的优质资金根本不愿意进入该投资项目。而政府为什么要参与或主导企业的融资机制呢？这些融资行为原本应该市场化还是应该由财政承担，也就是说最终投资项目是私人产品还是公共产品？实际情况是，在混合所有制经济的大背景下，这些产品既有私人产品性质

（如房地产、矿山等企业），又有公共产品性质（如基础设施），都从某一个视角符合地方政府的经济发展目标需求（吸引投资、拉动就业、增加财政收入等），政府才极力推动。

因此，如果要根除诸多影子银行体系发展的不良后果和难题，就必须解决经济体制、财政体制中残存的弊端，这已经不仅仅是表面上的市场流动性危机问题了。具体而言，包括解决地方财政体制与公共产品供给的矛盾、政企不分的旧弊、政府与市场职能划分不清、政府干预市场过多的问题。这些问题讲了很多年，是现有经济体制的顽疾，也正是十八届三中全会强调的重心。可见，将诸多问题落到实处的细化机制、解决路径将是长期任务。

2. 继续推动金融结构转型，疏通影子银行体系的发展渠道

银行化不是影子银行体系未来发展的出路。多元化的非银行金融中介体系构成了金融市场发展的支撑，以区别于银行存款的各类金融工具和产品满足了消费者的多元化需求。市场型非银行金融中介的发展有合理创新的成分。因此，总的方向上应该保留影子银行体系中的创新成分，鼓励非银行金融中介发展。

但是，影子银行体系为什么在某些阶段的负面作用超越了正面作用，例如疯狂推高资金价格呢？高企的资金价格并不是中小企业所能承受的，这样的影子银行体系根本不具备可持续发展，有走向庞氏骗局的危险。中国影子银行的本质依然是间接融资，因为投资主体是金融中介而非投资者本身，体现的依然是金融中介的信用。企业自身的信用没有被金融市场充分发掘而推向市场，投资者有资格直接或间接投资的、依托企业信用的直接融资工具（债券、票据）规模有限。这种格局表明，中国的金融体系中直接融资尤其是企业债券市场不够发达，仍是未来需要着力发展的方向。

参考文献

Litan，R.，W. Issac and W. Taylor，1994，"Financial regulation"，
     in *American Economic Policy in the* 1980*s*，edited by Martin

Feldstein, University of Chicago Press.

Stock, J. and M. Waston, 2002, "Has the business cycle changed and why?", NBER Working Paper No. 9127.

Taylor, J. , 2011, "The cycle of rules and discretion in economic policy", *National Affairs*, 7, 55—65.

李扬:《新征程 新挑战》,《金融评论》2013年第1期。

吴晓灵:《用市场法则实现违约事件的处理》,《人民日报》2014年2月20日,第10版。

殷剑峰:《金融结构与经济增长》,人民出版社2006年版。

周莉萍:《影子银行体系:自由银行业的回归?》,社会科学文献出版社2013年版。

是票贩子遭殃还是消费者受害？

大卫·E. 哈林顿　埃玛·K. 哈林顿*

"那是 1 月 29 日上午的 9 点 59 分，只听见屋内的加热器噼啪作响，窗外正呼啸着阵阵飞雪。"贾尼丝·林奇·舒斯特（Janice Lynch Schuster）在 2012 年 2 月 3 日的《华盛顿邮报》专栏里这样叙述道，她端坐在电脑键盘前全神贯注，屏息等待着摇滚巨星布鲁斯·斯普林斯廷（Bruce Springsteen）"2012 破坏之球世界巡回演唱会"华盛顿威瑞森中心站网上售票的开始。她面临的将是一场与其他上千个铁杆粉丝以及上百个购票软件机器人赛跑的百米冲刺。

为了能够幸运地抢到演唱会门票，舒斯特穿上了印有歌词 "tramps like us" 的 T 恤（象征着斯普林斯廷在《为跑而生》（*Born to Run*）里所唱的 "cause tramps like us，baby，we were born to run"[1]）。但软件机器人不需要运气，它们凭借的是计算机科学。舒斯特只是祈求为她自己抢到几张票就够了，而这些机

* 大卫·E. 哈林顿（David E. Harrington），Kenyon 学院 Himmelright 经济学教授；埃玛·K. 哈林顿（Emma K. Harrington），Williams 学院计算机科学本科生。
译者张毛培，上海金融与法律研究院研究助理。
[1] 歌词大意为"因为我们无家可归，宝贝，我们生来就注定奔走逃亡"。

器人却要为票贩子抢到大量的票。

上午 10 点 10 分，抢票冲刺宣告结束。购票机器人满载而归，为票贩子们赢得了胜利，而舒斯特却一无所获，只能愤懑地用拳头猛捶桌子。她愤愤不平，发誓不愿为票贩子支付三四百美元买到离舞台很远的看台票。

二手票市场让粉丝们必须花一大笔钱才能在演唱会上看到他们的偶像斯普林斯廷（也被粉丝们叫做"老大"），对此，美国国会议员比尔·帕斯克尔（Bill Pascrell，新泽西州民主党众议员）感到十分遗憾和惋惜。他认为对大多数一般的粉丝来说，他们是没有这样的经济实力的，由此他担心不久以后，也只有那些负担得起 1 万美金一张票的人才能够看到"老大"。

舒斯特在专栏里写道，她很想用"破坏之球"（Wrecking Ball）来摧毁那些软件机器人。而最近，纽约已经立法确认"任何使用自动购票软件来购票的行为属于违法行为"。同时，众议员帕斯克尔也希望联邦政府能够使用它的"破坏之球"打击这些购票软件的使用者。近来他宣布将重新拟议法案——《关于更好地监督演唱会票务转售与建立问责制度的若干规定》（Better Oversight of Secondary Sales and Accountability in Concert Ticketing Act），简称《BOSS 法案》，正好与斯普林斯廷的"老大"称号暗合。此次提议的新《BOSS 法案》草案中明确规定了使用电脑软件买进大量一手票而囤票的行为违法。

此项《BOSS 法案》不仅将确认购票软件的使用违法，也将成为束缚票务转售的桎梏。针对那些每年会卖出超过 25 张二手票的票务经纪人，该法案将禁止他们在首次售票开始 48 小时内买票。据帕斯克尔所说，他们的目标是在二手票市场中钓鱼——这项法案就好比一张渔网网罗购买大量一手票的票贩子，从而使得那些铁杆粉丝们和其他一些想买少量票的人进入购票市场。如此一来，交易市场中大量囤票的倒卖者越少，像舒斯特这样的普通粉丝就越有机会能够直接买到演唱会门票。

一、一般粉丝没有购票竞争力吗？

我们也是布鲁斯·斯普林斯廷的粉丝，但不是铁杆的那种。我们是在演唱会门票开卖后很久才得知他将举行"2012破坏之球世界巡回演唱会"的，但在得知之后我们也马上决定要去看。在网上抢票结束后，我们从二手票市场上买了一些吉列体育场（Gillette Stadium，靠近波士顿）场次的演唱会门票。这些票的位置都很棒，离舞台只有55排的距离。

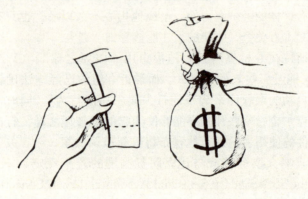

你可能会以为我们花去了上千美元才买到这样的票。但实际上，这些票只要124美元一张，仅高出实际面值11美元。怎么可能呢？简单来说，就是因为互联网。详细来说，就是因为互联网使得二手票市场的竞争变得更加激烈。大多数相互独立的售票商都从线下停车场交易转向开放的网上转售市场，从而使得消费者能够更加方便地同时比较各家的售票条件。

二手票市场一开始只是一个信息不对等的市场，转售交易也相对独立，受地域限制。而它现在慢慢进化为一个信息完全公开、无数商家在其间竞争的全国性市场。从经济学家的视角来看，它正在从原始市场进化到高级市场，越来越接近理想中的完全竞争市场。但这一演进还没有稳定下来，相反地，它随着重要的技术变革而发生着快速的阶段性变化。

成立于2000年的大型网络票务公司StubHub发起了一项最重大的技术变革。StubHub网站一经建立，上千人一下子就能够在这个网上市场转售自己手头上的各种门票，包括音乐会、戏剧或者体育赛事等。但没过多久，这个市场的发展也停滞不前，因为 Stubhub 只能便于消费者比较场馆内同一区域座位的票务信息，但不能进行跨区域比较。之后另一项关键的技术创新解决了这样的问题，它是由成立于 2009 年的 SeatGeek 公司研发的。对于它网站上所列举的所有票务，SeatGeek 都会对其进行市场价值的预估，从而根据这样的预估为消费者提供一个"交易评分"，来体现门票性价比的高低。SeatGeek 不仅对门票进行评分，同时也为消费者收集和呈现不同票务经纪网站，以及如 StubHub 等票务转售网站上的相关票务信息。

（一）普通乐迷与铁杆粉丝

票贩子们原本因为消费者信息不对等而从中牟取暴利，但随着二手票市场的演进，这样的高额利润被逐渐剔除。然而这些市场改进并不会消除铁杆粉丝为演唱会举办方所带来的潜在收益，正因为如此，举办方长期以来总是设法去酬谢那些使得表演更振奋人心的最狂热、最突出的粉丝。音乐家们总是希望那些最有热情的粉丝能坐到最前排，因为他们的热情极具感染力，就如同一个无害的"病毒"，通过传播这种强大而狂热的感染力创造出更多的外溢收益。相比之下，我们只是那些会跟随节拍跺跺脚的普通乐迷，不是那些会随着音乐蹦跳摇摆的狂热粉丝，当然更不是那些摇头晃脑的重金属摇滚狂人。因此，将我们调整到离舞台较远的区域观看会比较有效。

而这样的努力常常被市场瓦解，无法实现对某一类粉丝的照顾。这个问题在于能够有钱买得起前排座位的粉丝往往是那些只会跺跺脚的普通乐迷，这也就为那些利用软件机器人购票囤票的票贩提供了盈利机会。而为了修复这样的市场失灵，推行像《BOSS 法案》这样的立法举措就有了正当化的理由。

2009 年，《BOSS 法案》被首次提出但未能被通过。如果它当时被颁布实施，很明显地，更多像舒斯特那样的铁杆粉丝就能够坐在斯普林斯廷演唱会的最佳位置观看演出，相反，像我们这样的普通乐迷很少会坐在那样的位置。然而，即使该法被实施，它可能也只能改变谁会获得第一手门票，却很难影响门票最终会落到谁手中。假设铁杆粉丝是理性的，市场是无摩擦的完美市场，那么那些铁杆粉丝最终还是会将他们手中的票转售给像我们这样的普通乐迷。但毕竟铁杆粉丝是狂热的，他们很有可能会紧紧拽住手中的门票，因此让他们在抢票中占领先机也就有可能会成功改变谁坐在最佳位置。

但《BOSS 法案》的危险之处在于它就像一个破坏之球，影响范围太过广泛，它将会破坏二手票市场的竞争结构，进而损害消费者利益。我们最终能够买到心仪的门票是近来二手票市场演变的结果，而这可能被不必要的强制性公共政策侵害。尽管如此，在本文中我们还是将会解释狂热粉丝如何因其所创造的外溢收益而获得回报，市场为何会这样演进以及政府政策究竟如何有益于或者可能有害于市场发展。

二、SeatGeek：市场竞争中的变革性跃进

我们最早是从一次红袜队比赛讲解员口中听说"2012 破坏之球世界巡回演唱会"，他提到"老大"将会于 8 月在芬威球场（Fenway Park）演出。于是我们立刻浏览了票务网站 Ticketmaster，然后发现我们有时间去看的场次只有 8 月 18 日在马萨诸塞州福克斯堡吉列体育场举行的那场演唱会。

在输入了我们的购票请求后，网站要求我们键入"genest wrexham"的字样，来辨别不是票贩使用的购票软件机器人在操作。这是一个测试，而人自己操作往往比通过软件机器人操作更能通过这项测试。在计算机科学的术语里，这一系列的测试是一种区分用户是计算机还是人的公共全自动程序，简称为"验证码"（CAPTCHAs）。简单来说，验证码就是用来区分是自动系统还是血肉之躯的自动化计算机程序。

为了解决这样的问题，票贩们聘请了一些人来弥补这些购票机器人的不足。这些人坐在办公室里，目的是为了通过验证码测试，借人力操作来帮助软件机器人跨越这道过滤屏障，以便实现之后的软件机器人自动购票操作。

当我们登录 Ticketmaster 票务网站的时候，几个月前发生在软件机器人与铁杆粉丝之间的抢票早已结束。因此，测试我们的验证码所保护的只是一个已经没有几张票的购票系统。其中剩下的最好座位也只是303区域的第15排，离体育馆观众席顶端只有11排的距离。"这样的位置就好像那时候我妈妈买给我和你阿姨在费城肯尼迪体育场的披头士演唱会的票"，大卫这样告诉埃玛，"我们从那么远的位置看到的披头士乐队小得就像虫子，虽然能听到他们唱歌但是也听不清楚在唱什么"。

于是我们离开 Ticketmaster 网站，转向 SeatGeek 网站，也就是从一手票市场转向二手票市场，但这样的转换过程都不需要我们离开座位，十分方便。5月28日，也就是我们买到票的那天，SeatGeek 向我们展示了 StubHub 网站以及其他51家二手票卖家网站上出售的二手票信息。其中一半出头的票，包括最后我们买的，都是来自 Stubhub。按照互联网用语的说法，SeatGeek 就是一个票务聚合器。

Kayak 是另一个最著名的票务聚合器，它通过汇总各大航空公司提供的航班信息来比较不同航班的飞机票价。对于航班而言，大多数消费者只是关心从哪里飞到哪里，所以 Kayak 将这些起点和终点相同的航班作为同种商品，再按照不同票价分类排序。但人们对于持有演唱会或是体育赛事的门票和对飞机票的态度不同。他们希望能够坐得离舞台更近一些。在这样的情况下，按价格分类显示票务信息并非最高效，因为那些便宜的但离舞台很远的票并没有像那些贵的但离舞台很近的票那么受人欢迎。

而 SeatGeek 网站则是按照它们评估的"交易评分"来对票务信息进行分类排序，这能够很好地反映出所售门票的标价与预测的市场价值之间的差异。那么 SeatGeek 又是如何能够预测这些票的市场价值的呢？这项预测是基于对每一个座位的观看质量进行的评估。它通过让买家回答诸如"低区最后一排座位A是否优于高区第一排的座位B?"等一系列问题来让买家判断同一价格下不同座位位置的优劣。如果选择座位A的粉丝要比选择座位B的粉丝多，那么座位A就会被认为优于座位B。通过这一系列对体育场馆座位的偏好选择，SeatGeek 创造出一项能够总结不同座位优劣的功能。随后 SeatGeek 再将这项功能适用到具体的某项售票活动中去。具体来说，网站使用已经售出座位的相关信息来评估它的市场价值，再将这些市场价值与卖主的开价进行比较，从而得出所谓的"交易评分"。

最后，所有的票被标注为"最好""非常好""较好""还可以""一般""不太好"以及"糟糕"等不同交易偏好级别。在 SeatGeek 网站上的座位图表上，评分"最好"的座位被标记上绿色的大圆点，并张扬地写着"快买我！"（Go, buy me!）的标语，而那些评分等级为"糟糕"的座位则只标有一个小红点，低调地写着"住手，别上当了"(Stop, don't get swindled)。

我们在 SeatGeek 网站上显示的吉列体育场座位表中一眼看中两张 A2 区的票，离舞台只有 5 排的距离。我们不顾"住手"标语的提示，点击了这两张票的位置。结果我们看到这两张票每张要价为 1085 美元，于是我们只好作罢，因为这超出了我们的预算范围。

接着，我们还是在 A2 区里找到了比之前位置靠后 40 排左右的座位，上面标有"快买我"的标语，而且它只需要 194 美元一张。正当我们很迫切地想要买下它的时候，我们又瞥到了稍微靠后一些但显示着绿色圆点的座位。在经过一番深入查询和比较之后，我们决定买下两张距离我们原先最想要的位置靠后 50 排的座位，它们只要 124 美元一张，比最理想的座位要便宜得多，而且也只超过实际面值 11 美元左右，丝毫没有被宰的感觉。

在进入二手市场以前，我们都以为要花高达 200 美元的价格才能买到位置好的门票，我们的购票决心因此经受着考验。我们从未妄想能够只花 124 美元买到心仪的位置，这都是市场的功劳，让我们一起称赞它们给我们带来的好处吧！

尤其要称赞 SeatGeek！我们绕开最先看中的那些标着"住手"的座位之后，遵循着 SeatGeek 网站为我们提供的红绿信号灯，只点击那些交易评分较高的座位进行查询比较，直到最终选定我们所心仪的演唱会门票。我们不再关注那些得分较低的票务信息，因为在相近的位置中它们的价格往往偏高。通常，我们总是会担心低价不会买到好座位。但在 SeatGeek 的帮助下，我们知道它所显示的低价往往代表着性价比较高的票。如果大多数人都像我们这样选票购票，那么那些开价远比市场价高的卖家将会失去所有买家，这意味着他们所面对的买家需求曲线弹性非常大。

同时，有了像 SeatGeek 这样的票务聚合器之后，也使得对在 StubHub 网站上出售门票需求的弹性更大。许多人都将 Stub-Hub 视做一个转售门票的"必去之地"，卖家需要向 Stubhub 支付一些上网设置的费用，而目前来看这些费用占售价的比重达25％。在这些票务聚合网站出现之前，潜在的相互竞争的卖家需要花费高额的成本来使它们出售的二手票信息为人所知。而现在，因为它们能够通过 SeatGeek 或是其他一些票务聚合网站而为人所知，就会使得 StubHub 不得不降低它的设置费用以吸引更多卖家的加入。

（一）交易好坏的图表分析

看完 SeatGeek 网站上显示的吉列体育场座位表，我们一心想要选那些在场馆中心，也就是球场上的位置。但我们又不想要很中间又靠前的乐池票，因为那里会存在不确定的危险，也经常会使人精疲力尽，同时我们也不想要边缘的座位，因为在人群中间会比较安全。由此，我们收集了 86 类符合我们要求的票务信息，然后通过图表来分析 SeatGeek 所给出的交易评分背后的意义。首先，通过对票价和座位离舞台距离的倒数做回归分析，能够得到我们所预测的价格曲线，正如图 1 所示，随着位置距离舞台越来越远，其票价也就随之降低。再根据 SeatGeek 汇总的偏好选择，我们在图上用不同圆点分别标出了评分最优或最劣的售票交易。

从中我们可以看到，所有被 SeatGeek 评为"非常好"或"最好"的圆点都分布在所预测的价格曲线下方，除了一个以外其他所有评分为"糟糕"的圆点都位于曲线的上方。这就意味着，在座位离舞台距离相同的情况下，那些评分"非常好"或"最好"的座位票的实际交易价格要比大家想象的更便宜，而那些评分为"糟糕"的实际交易价格要比预想的还贵。在图中，我

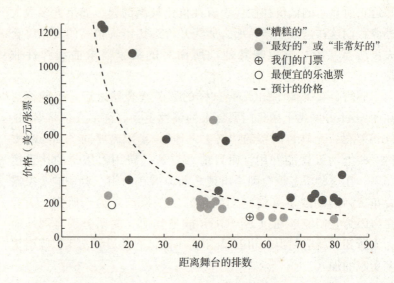

注：此次回归使用了 2012 年 5 月 28 日的 86 份数据，得出回归方程
预测价格＝－13.6＋12078（1/排数），t 统计的斜率为 9.86。

图 1　解释 SeatGeek 的交易评分

们还用⊕标出了我们最终所购买的座位票位置及价格，也就是第
55 排，124 美元一张。事实上，还有其他很多评分高也更靠近舞
台的座位票，但我们最终所买的票对于我们的要求来说已经是最
好的选择，因为比我们的预算上限便宜了太多，令人难以置信。

　　虽然乐池区域内最便宜的票价也只有 195 美元（在图中我们
用空心圆圈表示），从图上来看，它的价格远远低于我们所预测
的价格，它理应是一笔备受消费者青睐的买卖，但它在 SeatGeek
上的评分也只有 72 分，一个还过得去但不算高的分数。我们不
禁会问，这是为什么？SeatGeek 的计算方法十分灵活，它不仅能
够体现座位远近而造成的偏好差异，也能够反映出距离以外的因
素所造成的偏好差异。算法本身不会知道在乐池观看意味着什
么，它只能了解到它们的市场价值是比较低的。但我们却知道乐
池票贵在哪里——它贵在我们因此所要磨坏的鞋底、所要消耗的
体力以及我们所要花费的时间。如果把这些隐性成本计算到购买
成本中去，那么代表乐池票的空心圆将更接近于我们所预测的价

格位置，当然也就比较好理解为什么它是唯一处在曲线以下但依旧是一个被评为"糟糕的"深灰底圆点。

乐池占据了斯普林斯廷演唱会里最有价值的一块区域，它从舞台的正前方一直延伸到观众席中。但在乐池里没有座椅，这就像是在派克大街（Park Avenue，位于美国纽约的奢华大街，也叫"公园大道"）上建立起的贫民窟。然而，就像我们下文即将要谈到的，它不是平白无故地被建立，它有它存在的目的——要知道，只有那些铁杆粉丝才想待在这样的"贫民窟"里，而斯普林斯廷也希望他们能够待在那里。

三、铁杆粉丝所带来的外溢收益

让二手市场变得更加具有竞争力是一件好事，但只要存在一些最好的座位票价被设定在它原本应有的市场价格以下，这样的变化就不能消灭购票软件机器人的存在。很多乐队，包括斯普林斯廷以及与他搭档演出的 E 街乐队（E Street Band），都想要给他们的铁杆粉丝一个票价优惠，尤其是舞台附近的座位票。这些会跟随音乐疯狂甩头舞蹈的狂热粉丝不但能为斯普林斯廷的演出带来不竭的活力与热情，同时更能为斯普林斯廷以及全场簇拥着的其他粉丝带来外溢收益。很简单，这些狂热粉丝的表现也是其余观众前来观看表演的一部分。

《纽约时报》专栏作家大卫·布鲁克斯（David Brooks）认为斯普林斯廷以及他写的歌词深深地影响了布鲁克斯对这个世界的解读。在一个名为"其他教育"的专栏里，他描述了他第一次带女儿去看斯普林斯廷演唱会的场景。"她被眼前的场景惊呆了！她双手轻拍着两颊，欣喜若狂。她简直不敢相信眼前所发生的一切，她看到有成千上万人都沉浸在纵情肆意的癫狂之中。"

而那些使她目瞪口呆的人并不是像我们这样的粉丝。我们不会表现出这样极度的癫狂，更不会疯狂地甩头。我们表达热情的方式也只是跟随节拍跺跺脚，脸上洋溢着浅浅的微笑。和那些甩头的狂热摇滚迷不同，我们不会对外张扬和分享我们的喜悦与兴奋，而宁愿把这些感受和体验装进自己私人的小世界里自娱自乐。我们观看演唱会而产生的社会收益往往只是我们个人受益，因此这些效益是能够准确地通过我们对演唱会门票的需求来衡量的。然而，如果同样用对门票的需求来衡量那些狂热摇滚迷所产生的社会收益，那么这将远远低估他们所产生的社会收益，因为他们还会给他人带来欢乐，这就是他们所创造的所谓的外溢收益，也就是经济学家所谓的"正外部性"。

（一）对铁杆粉丝的奖励

从效率角度来说，铁杆粉丝对偶像乐队所表现出的疯狂以及所作出的贡献应该得到回报。因此，很多乐队会把那些最佳位置的座位票价降到实际市场价格以下，然后希望他们的铁杆粉丝能在第一时间抢购到这样的低价票，由此来酬谢这些铁杆粉丝。所以这些粉丝往往都会知道门票开售的准确时间，但那些购票软件机器人也会知道。

乐队一直努力用低价票惠及的是他们的铁杆粉丝，而不是那些冰冷的软件机器人，所以他们开始尝试一些不同的策略，并向政府寻求帮助。下面我们通过一个简单的经济模型来仔细地分析一下这些不同策略的效果。

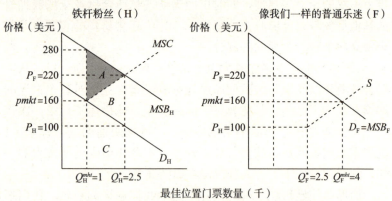

图2 斯普林斯廷吉列体育场演唱会门票市场

假定在吉列体育场举行的演唱会门票市场由两种类型的粉丝组成：铁杆粉丝（简称"H"）以及普通乐迷（简称"F"）。同时，我们假设观看演唱会只有5 000个固定的最佳位置，位于舞台附近。我们可以在图 2 中画出两条假设性的需求曲线，分别代表狂热铁杆粉丝（D_H）与普通乐迷（D_F）。从图中我们可以看到，因为狂热铁杆粉丝会产生外溢收益，因此他们的边际社会收益曲线（MSB_H）高于他们的需求曲线。对比之下，普通乐迷的边际社会收益曲线（MSB_F）与需求曲线之间并没有高低差异，也就是说，像我们这样的普通乐迷所产生的社会收益仅仅相当于我们愿意支付的票价。

在我们的假设中，如果将票价定为每张 160 美元，那么粉丝们会因为这个市场定价而被分为胜利者与失败者，代表那些买到票和买不到票的人。在这个价格之下，我们可以看到铁杆粉丝对门票的需求数量为 1 000（$Q_H^{mkt}=1\,000$），而像我们这样的普通乐迷对门票的需求数量为 4 000（$Q_F^{mkt}=4\,000$），两者相加正好等于假设中的 5 000 个最佳位置的供应量（$Q_S=5\,000$）。

市场是看不到外溢收益的，以至于它不会将铁杆粉丝为他人带来的喜悦与振奋考虑进来。市场也同样看不到溢出成本，比如那些洒掉的啤酒、阻挡物，以及表演开始后那些迟到的胖子为了找座位而努力挤进人群所发出的喘气声。我们的模型没有考虑这些溢出成本，而是假定了只有那些狂热铁杆粉丝和像我们这样准时入场的粉丝才会去观看演唱会。

但市场本身往往无法有效地分配门票的去向，它会扫了铁杆粉丝的兴，也让观众们无法尽兴。（为了让演唱会更精彩）我们理应让更多的铁杆粉丝能够有机会观看演唱会，但问题是所谓的"更多"是多少呢？答案很简单，只要社会收益大于社会成本，就应该增加这些铁杆粉丝的比重。

让我们再重点看一下图 2 中提供的市场解决方案，也就是当铁杆粉丝买走门票 1 000 张（$Q_H^{mkt}=1\,000$），普通乐迷买走门票 4 000 张（$Q_F^{mkt}=4\,000$）的情况。（在这样的比重之下）每增加一个铁杆粉丝的社会收益就等于她愿意支付的票价（≈160 美元）加上她所产生的外溢收益的价值（≈120 美元）。因此，这也就等于图 2 左边所示的 Q_H^{mkt} 取 1 000 时，边际社会收益所对应的数值。

那么，社会成本将会如何变化呢？会产生怎样的损失呢？很简单，铁杆粉丝将会大量集中取代像我们这样的粉丝。因此，增加更多铁杆粉丝所产生的社会成本相当于他们所取代的普通乐迷原本会产生的社会收益。

通常情况下，最后一个买票的普通乐迷往往不确定他究竟会不会去看演唱会，因为他愿意支付的票价也就是实际的市场价格。因此，把他的票给其他人所产生的社会成本也就是实际的市场价格。如果越来越多的票从普通乐迷手里转走，那么社会成本会因为被取代的那些普通乐迷的支付意愿越来越高而不断增加。像这样把越来越多的票转到铁杆粉丝手中的变化体现到曲线图里就是普通乐迷的需求曲线位置会被拉高。这就意味着，图 2 中左图的边际社会成本曲线恰好是右图中需求曲线的镜像。

在 1 000 个狂热铁杆粉（Q_H^{mkt}＝1 000）的基础上，（在 Q 一定的情况下）只要社会收益（MSB 上所对应的值）大于或等于社会成本（MSC 上所对应的值），斯普林斯廷和他的 E 街乐队就应该继续增加这些铁杆粉丝的数量。根据图 2 中的假想曲线，斯普林斯廷应该再增加 1 500 个狂热铁杆粉进入到他的演唱会中去，由此使得他演唱会上的最佳座位票将会平均分给狂热铁杆粉丝与普通乐迷。这样一来，演唱会给所增加的铁杆粉丝带来的享受（图中所示的面积 C）加上他们本身为他人所创造出的震惊与激情（图中所示的面积 A 加上面积 B）会超过那些被取代的普通乐迷因看不到演唱会而产生的失望（图中所示的面积 B 加上面积 C）。因此，重新分配这些门票的去向将会为社会收益净增面积 A 的增量，而面积 A 这一增量也就相当于在不干预市场的情况下，任由看不到外溢收益的市场去分配门票去向时所造成的无谓损失。

理论上要解决这样的问题很简单。为了达到铁杆粉丝的有效数量（Q_H＝2 500），斯普林斯廷需要给他们提供一个比普通乐迷购票所需的更低票价，这种方法在实践中被经济学家称做差别定价（price discrimination，也译做"价格歧视"）。在我们假设的例子中，斯普林斯廷卖给铁杆粉丝的票价应该定在 100 美元，而卖给普通乐迷的票价应该定在 220 美元。

（二）划分与阻隔

尽管有如上所述的解决方法，但在现实中难以操作。这种方法需要斯普林斯廷区分哪些是铁杆粉丝，哪些是普通乐迷，换句话说，他必须要有能力将两者划分开来。同时，他还必须能够阻止那些铁杆粉丝急功近利而向普通乐迷转售自己手中的低价票，也就是说他必须在他们两者之间设置障碍来阻隔两者。

在互联网兴起之前，演唱会门票是在传统的实体售票处进行销售。铁杆粉丝经常会带上他们的帐篷在门票开售前一晚就到售票处门口排队蹲点。而那些普通乐迷是从来不会为了队伍中一个令人羡慕的位置而愿意在帐篷里过夜的。由此，你能够十分确定排在队伍前面的一定是那些铁杆粉丝。当然，在那个时候票贩子也会雇用一些人专门去排队买票，但那也仅仅是基于普通乐迷乐意支付一大笔钱（来从他们手中买走二手票）。

如今，这些物理意义上的实体队伍已经转变成网络上虚拟的队伍。粉丝们辗转于不同网站，不断地刷新页面以求得到下一场巡演的最新消息，然后守在电脑屏幕前，希望能在门票开售的第一时间买到票。但那些票贩子们也能够这么做，去抢购那些最佳位置的座位票。加上他们专职于此，所以他们往往能够在第一时间得知每场演唱会门票开售的时间。不仅如此，票贩子们还拥有购票软件机器人帮助他们长时间地守在网站上，相比于同样在排队的血肉之躯，这些机器人丝毫不用耗费任何精力。因此，你能够很确定那些在网上排在虚拟队伍前面的"人"不会是那些铁杆粉丝。实际上，它们根本就不是"人"，而是软件机器人。

不仅如此，互联网的出现还削弱了阻隔铁杆粉丝和普通乐迷的障碍，使得铁杆粉丝靠转售门票而轻松赚钱变得更加容易。如果回到互联网时代之前，他们很难找到那些愿意支付高价买二手票的普通乐迷。但现在，铁杆粉丝们可以通过在 StubHub 网站轻松转卖自己手中的票，来钱非常快。

风靡一时的费西乐队（Phish，美国知名合唱团）曾经很成功地将大量演唱会低价票卖给他们的忠实铁杆"费西粉"（"Phans"）。然而，这些努力却因为过气倒台的"费西成员"在二手票市场上倒卖门票而付诸东流。尽管一些"真正忠实的费西粉"极力地嘲讽他们就算以双倍价格倒卖草坪区域的低价票也只能够赚取蝇头小利，希望通过伤害他们的自尊心来阻止和干预这样的行为。但金钱毕竟是金钱，就算是费西乐队的头目也只是（有欲望的）凡人，况且也只有实实在在的棍棒和石头才能真正伤害他们。

四、《BOSS 法案》：让铁杆粉丝抢占购票先机

众议员帕斯克尔引入《BOSS 法案》是为了让粉丝们能够有更好的机会在演唱会门票开卖时抢购到第一手门票。他认为当前的售票系统是被专业的票贩所操控的，他们利用购票软件机器人来狠狠打击一心求票的粉丝。而根据《BOSS 法案》，票贩们将不得使用软件机器人，也不得在一手票开卖的前 48 小时内进行购票。这样一来，将使得粉丝们在购买一手门票时抢占先机。"如果没有这样的法案，一个普通的小伙或是姑娘应当如何去（和软件机器人）竞争购票？"众议员帕斯克尔如是问道。

"不，他们竞争不了，"帕斯克尔这样回答，"粉丝们到最后总是被（这些票贩子）敲竹杠。"就像舒斯特感觉被宰了一样，杰米·布朗也耗费了整整四个小时，守在他电脑前试图在斯普林斯廷演唱会门票开卖的第一时间抢购到心仪的门票，但到头来也只是徒劳无功，空手而归。正如他告诉《华尔街日报》记者的那样，他现在只能不情愿地选择，要么花更多的钱从票贩子手里买到票，要么只能错过斯普林斯廷的演出。

如果布朗选择宁可不去看演唱会也不从票贩子那里买票，那就说明他是一个理性的人，因为一个理性人的思维逻辑是会通过权衡购买二手票的收益和成本而最终对购买二手票说"不"的。在这样的情况下，布朗可能还会暗自庆幸："感谢上帝！幸亏我还没来得及告诉我的未婚妻我原本想要带她去看演唱会的计划（她也就不会因此而失望）。"

如果《BOSS 法案》能够在 2009 年就得以颁布实施，并且票贩子们能够严格遵守法律规定以及立法精神，那么铁杆粉丝们就

能够由此获得一个没有软件机器人参与的交易市场并抢占头两天的购票先机，这样他们大多数能够买到心仪的最佳座位的门票。毫无疑问，这对他们来说是再好不过了。然而，《BOSS法案》会不会改变最后谁能够真正坐在那些好位置呢？这个答案取决于这些铁杆粉丝是否一心想去看演唱会而不轻易转手。

（一）假定是会轻易转手的粉丝

在《BOSS法案》的帮助下，布朗就能够成功买到心仪的一手门票。但他最终是否就会真的拿着买到的票去看演唱会呢？一旦他发现这些票在二手票市场可以卖出的价格，他可能就会想："感谢上帝！幸亏我还没来得及告诉我的未婚妻我已经买到了门票。"因为在这种情况下，高价转卖掉自己手中的门票往往是一个理性人会作出的选择。如果布朗在《BOSS法案》颁布以前就觉得花二手票价的钱去看斯普林斯廷并不值得，那么在法案颁布以后，他也就会认为放弃这样高价转卖的机会是十分不值得的。这并不意味着他就此成为一个贪得无厌的人，只是因为他有放弃看演唱会而转卖门票的可能性，这就使得我们可以预测到他这样的所思所为。

《BOSS法案》通过不同的方式把更多的钱塞入铁杆粉丝的口袋。有些铁杆粉丝可以借转卖自己手中的票而大赚一笔，有些则可以因为不用花高价买二手票来为自己节省一笔开销。由于该法案能够使铁杆粉丝变得富裕起来，那么他们的消费需求也会随之增加，（理论上）应该会有更多人去买票看演唱会。但假设这些铁杆粉丝是理性的，而且在转售门票上并没有太大的困难，那么就不会有"更多"的铁杆粉丝真的拿票去看演唱会。（相比之下）无论《BOSS法案》颁布实施与否，普通乐迷们往往可以通过支付足够的钱来取代大量的铁杆粉丝。

在这样的情况下，《BOSS法案》并不会消除（一直存在其中）套利机会。它只能改变谁在第一时间得到这样的机会——不再是那些采用软件机器人来购票的票贩，而是那些能够准确得知门票开售日期的铁杆粉丝。而这样的立法只能从经济上保护这些粉丝，但只要粉丝们是理性的而且能够很方便地转售自己手中的票，就不能够改变最终谁真正坐在演唱会的最佳位置观看演出。

（二）假定是不会轻易转手的粉丝

假定布朗是一个多愁善感的人，他本身也是一个乐队的成员，又假如他有着一些诗人的气质。那么他一买到门票就会开始想象这样的场景：听着演唱会现场演绎的歌曲 The River，看着身旁未婚妻脸上流露出的欣喜。沉浸于这种美好之中的布朗当然不会让这些门票从自己手中溜走，因为这对他意味深长。

再回到现实世界，在《BOSS法案》没有实施的时候，我们知道布朗不会支付高价买二手票。但如果假定是在法案施行的情况下，一旦他点击"完成交易"，谁若想要从他手里买走门票，将要支付远远高于他原先买票时的价格。因为在我们的假定中，布朗是会紧握手中的演唱会门票，一心想要带未婚妻去看演唱会的，所以他是不会轻易转手的。

如果是这样，《BOSS法案》的颁布实施确实会因为铁杆粉丝对门票的紧握不放而改变谁会真正坐在演唱会现场观看演出。粉丝的"不轻易转手"被行为经济学家称为"禀赋效应"（the endowment effect）。曾有一个关于购买咖啡杯的著名实验证明了这种禀赋效应。实验中会先将一些咖啡杯随机地分给一些人。然后我们可以从实验中发现，那些没有咖啡杯的人购买咖啡杯时愿意支付的价格往往低于有咖啡杯的人所能接受的卖出价格。在2000年出版的一期《消费者研究》（Journal of Consumer Research）中，齐夫·卡蒙（Ziv Carmon）和丹·阿里利（Dan Ariely）在他们的一篇文章中证明了杜克大学篮球迷也同样不会轻易转手全美大学篮球锦标赛（NCAA tournament）的门票。因为那些通过抽奖等方式免费赢得门票的大学生球迷们也只有在卖价特别高的情况下才愿意卖出，而他们的开价往往要比那些没有门票的人愿意支付的价格要高得多。如果这样的"禀赋效应"在斯普林斯廷演唱会的售票中也十分显著，那么《BOSS法案》的颁布实施将会拉高二手票价格，也同样会增加最终真正去观看演唱会的铁杆粉丝的数量。这对于普通乐迷来说，无疑是个坏消息。

从理论上讲，《BOSS法案》在分配演唱会或是其他类似流行盛事的门票时，在这些门票的最终去向上所能发挥的作用往往取决于粉丝们对门票不肯转手的程度。这样的结论差异也取决于你采用的是行为学家的禀赋效应理论，还是通过对理性粉丝在转售十分容易的情况下进行的逻辑分析。

（三）我又如何？我不是票贩！

《BOSS法案》需要在现实世界里运作，而不是在我们所假设的一个票贩能够严格遵守法律且服从法律精神的假想世界。该法案要求每一个每年会转售超过 25 张票的人向联邦贸易委员会（Federal Trade Commission）登记注册，然后在门票开售时站在一边什么都不做。票贩子们不会喜欢排着队去政府登记注册，也不会甘心眼睁睁看着别人套利而自己什么都不做。

在互联网兴起之前，美国很多州都强制对二手票价格进行限制，再高也不得超过一定的数额。但在互联网时代，大多数这样的法律都被废除。一方面是因为这样的限价不再能够强制执行，另一方面也因为这样的限价对价格调整并没有多大作用。如今，即使我们集中大量原本应该用在其他地方上的执法资源，《BOSS法案》也还是很有可能无法执行。

我们对《BOSS法案》最大的恐惧就是它代价高，将会严重阻碍二手票市场的平稳运行。法案不可避免地会存在漏洞和局限，这就会使得那些大型的票务转售商在规避这些反票贩法律的过程中摸清门道从而轻松开拓市场。在这样的情况下，一些有公德心的小商贩就会顺势退出市场，让大型的转售商推高二手票价。另外一些不是那么有公德心的小商贩就可能转向地下市场，因为他们害怕一旦在 SeatGeek 上注册或是将手里的票放到 Stub-Hub 上销售就可能会引起警察的注意。由此，他们就可能重新依赖与消费者的私下联系，重新回到两两交易的时代。还有一些票贩可能还会留在互联网上进行交易，但他们会频繁地更名，牺牲在市场中的品牌信誉所带来的好处。基于以上种种情况，我们想要说的关键点是，《BOSS法案》将会逆转二手票市场演进所取得的成果，破坏其所带来的公开透明以及原本对消费者知情权的促进。

另外，粉丝对软件机器人的愤怒还促使帕斯克尔在《BOSS
法案》中新增了一条"禁止使用软件"的规定。就我们看来，很
难被政府执行。幸好，粉丝的愤怒也鼓动了一手门票市场的卖家
采取措施禁止软件机器人购票。这些卖家通过运用越来越成熟先
进的验证码技术来区分是血肉之躯还是软件机器人。但验证码技
术也并非能够将其一网打尽，尤其现在的票贩们还会雇用人力来
协助这些软件机器人操作。但无论如何，比起政府在损害事实发
生后指控那些电子掠夺者，保护售票系统对于一手门票市场的卖
家来说要简单得多。而政府却只能够攻击那些虚拟的敌人。

五、是否要让狂热铁杆粉坐到座位？

斯普林斯廷并不需要《BOSS 法案》，因为他能够找到其他方
法来保证他的铁杆粉丝有机会待在他演唱会场地的最佳位置。

他知道在演唱会门票开卖时，他的铁杆粉丝要比普通乐迷更
加愿意蹲在他们的键盘下。但他同样知道，铁杆粉丝都只是凡
人，容易受到二手票市场的金钱诱惑。他试图通过减少门票转卖
的金钱诱惑，来留下这些铁杆粉丝观看自己的演唱会。因此，他
提高了交易成本，把这些利益诱惑转变成一件再麻烦不过的事。
具体来说，斯普林斯廷出售这些最佳位置的座位票时使用的是电
子门票（paperless ticket），而且需要购买者带上他们自己的信用
卡和驾驶证来进入演唱会场馆。如此一来，如果一个铁杆粉丝买
了四张这样的票，而且想卖出其中三张，他必须陪同这三个普通
乐迷买家一起进入演唱会场馆，同时还要受到其他粉丝的鄙视。
甚至，他还可能需要花时间去等那些满不在乎的普通乐迷出现。
同样地，普通乐迷自身可能也不喜欢和脏乱的狂热粉丝扯上关
系，因为他们看起来并不像是可靠的陪同者。

电子门票能够使斯普林斯廷更好地施行差别定价的策略，因
而提高了效率。但该假设的前提是电子化门票不会对门票的本质
产生影响，进而对图 2 中的需求曲线不产生冲击。但事实并非如
此，这种做法确实产生了无法避免的影响。这种策略对消费者意
味着"要么使用，要么放弃"。在这种情形下，即使是最铁杆的

粉丝都会降低对电子门票的购买意愿。因为他们知道，意外总会发生。铁杆乐迷可能会遭遇意外冲击；家庭成员可能会去世；工作可能会被解雇。对于那些普通乐迷而言，一场小小的意外，例如一场教师家长会议、一场晚宴聚会都可能影响观看计划。

电子门票更不易于保存，因此对于消费者来说就更不具有交易价值。从我们的历史演进来看，商品总是倾向于被做得越来越容易保存，而不是更容易腐坏。像冰箱、防腐剂和转基因技术等都是为了让食物不容易腐坏。就连汽车也要比从前耐用得多。而让门票不易于保存无疑是公然违抗了这种发展趋势。由此，我们有理由相信，因门票不易保存而造成的效益损失会导致其交易价值变得更低，这将会破坏差别定价原本应该产生的更好效益。

斯普林斯廷演唱会售出的很多最佳位置的座位票都使用了电子门票，但不包括在纽约举行的演唱会在内。纽约州的法律要求卖家给消费者提供购买可转让票的可能性。这样的立法意味着电子门票无法强化差别定价，也就是说谁想要套利，谁就直接去购买可转让票。但在新泽西州并没有这样的立法。根据Ticketmaster统计的数据，由于新泽西州并没有限制斯普林斯廷演唱会售票使用电子门票，这使得在StubHub上最佳位置的座位票供应量比在纽约的演唱会少了63%。

现在，StubHub以及它在二手票市场的同盟正在进行立法游说，试图让其他州也颁布和纽约州类似的法律。到目前为止，它们已经说服康涅狄格州和明尼苏达州的立法机构提出限制使用电子门票的议案，但还是没有能够让这些草案得以颁布实施。这并不奇怪，因为像Ticketmaster和它的同盟当然会反对这样的立法。

众议员帕斯克尔了解到这些事情的发生，但不同于纽约州，他另辟蹊径去保护消费者持有电子门票，并没有试图提供给粉丝购买可转让票的机会。就此，帕斯克尔打算针对2012年的巡回演出为《BOSS法案》增加一个新条款，要求卖家保证在演出前两星期内接受电子门票持有者的退票。帕斯克尔想要让消费者更加方便地购买电子门票，同时还能够削减套利机会。

（一）乐池

斯普林斯廷找到了一个更加直接的方法让普通乐迷走投无路，那就是取消一部分最佳位置的座位票，代之以一个新的开放空间，这个空间被他称为"乐池"（the Pit）。有粉丝这样描述这个空间，"这是一种令人惊异的、精疲力尽而又激动人心的体验"，这将会是长达四个小时永不休止的跳跃、推挤和摇摆。还有人说这不适合胆小的人。往往是那些铁杆粉丝深爱着这个"乐池"，而普通乐迷爱的是他们的座椅。简单来说，斯普林斯廷就是利用了他们观看时的偏好来把最佳位置的区域留给他的铁杆粉丝，即使他不能保证在这里能有座椅给他们坐。

如果只为了待在靠近舞台的位置而要站在混凝土地面上和一群满身汗味的陌生人一起挤好几个小时，这对我们而言就像是一颗大到难以下咽的药丸。同样地，我们也不想吞下大剂量的"马药"。20 世纪 90 年代，一个制药商使用了相似的方法来区别对待给人服用还是给马服用。强生公司（Johnson & Johnson）曾经出售左旋咪唑（Levamisole，一种免疫调节剂）给癌症病人和农民们。癌症病人购买的价格是每片 6 美元，而卖给农民给马吃的那种只要 6 美分一片。两者的有效成分都是一样的，但卖给病人的那种更容易吞咽，因为其中没有加马药里的"惰性填料"（inert fillers）。

而对于斯普林斯廷演唱会的"有效成分"就是布鲁斯和他的表演搭档 E 街乐队的表演。那样的"乐池"不仅仅是那种"惰性填料"，还添加了整场演唱会音响的振动与激情。但它和惰性填料的作用是一样的，它使得普通乐迷更难接受待在那样的区域观看演唱会，这也就大大降低了铁杆粉丝能够卖出他们乐池票的可能性。

（二）如果我们是"老大"

美国人在 2007 年总共消费近 10 亿美元观看演唱会、54 亿美元观看戏剧表演，还有高达 188 亿美元观看重大的体育赛事。而网上卖票就此成为一项有趣的大产业。它所买卖的产品都是一些容易过期的产品，比如音乐家、剧院以及球队等卖出的一手票，然后再在二手市场上进行买卖。其中确实存在一些担忧，那就是市场运作本身无法最有效地去酬谢那些铁杆粉丝和艺术家们。在这一点上，政府应当干预。但因为这里涉及太多的金钱利益，更迫切地需要政府干预的更大忧虑应当是包裹着消费者保护外衣的"乘机渔利"。

长久以来随着互联网时代的技术革新，二手票市场竞争变得越来越激烈，例如网上转售市场以及票务聚合网站等都推动了这样的市场演进。这些技术创新不仅扩大了市场规模，而且提供给消费者更多的市场信息。在过去，卖家因为消费者信息不对称而从中牟取暴利，但现在，不断增加的竞争使得卖家的暴利被一点点剔除。

如今，吸引购票软件机器人和票贩们来赚取的大部分利润都取决于一手票市场的经济主体所定的售价，包括像斯普林斯廷这样的定价主体。布鲁斯是一个聪明人，听他的歌词你就能相信这一点。如果他想要把票集中卖到铁杆粉丝手里，他就一定会想办法而不需要政府的帮助。事实上，他已经建立了"乐池"，并对一些座位出售电子门票，同时还与 Ticketmaster 等合作去打败那些软件机器人。

众议员帕斯克尔想要用《BOSS 法案》来卷走二手票市场里的票贩和软件机器人，如果能够成功，那它也只是通过让铁杆粉丝本身成为票贩的办法来剔除票贩的利润，从而使铁杆粉丝受益。如果让铁杆粉丝们拿到更多的票，可能会让更多这样的粉丝坐在演唱会现场观看演出，但是理性逻辑以及转售的便利条件使得这样的结果不太可能发生。不仅如此，卷走专业的票贩也不那么容易。过去，很多州通过反票贩的立法来设法达到这样的目的，但都失败了。如果一味强制推行《BOSS 法案》可能将一些二手票赶到地下交易而难以被人所知，这将会破坏互联网原本所推动的使得交易更加透明的成果。因此，《BOSS 法案》无意间损害的将是消费者而不是票贩。要使票贩们遭殃的最好方法应当是给消费者提供更加充分全面的市场信息，然而二手市场本身长久以来的演进就已经为粉丝们提供了这样的对抗武器。

斯普林斯廷为了让他的铁杆粉丝能待在演唱会场馆中最佳的观看区域，而让我们这些普通乐迷坐得远一些，这可以说是无可厚非的。我们非常感谢他和二手市场能够给予我们在场内随音乐跺跺脚而享受现场的机会，更何况也仅仅只是距离舞台 55 排的位置。或许有一天，我们也会开始试着哼唱旋律，纵情一把。

延伸阅读

Janice Lynch Schuster, 2012, "10 a. m. Freeze-Out for a Springsteen Fan", *Washington Post*, February 3.

Jennifer Maloney, 2012, "'Boss' Fans Again Run into Ticket Problems", *Wallstreet Journal*, January 28.

Marc Dolan. W. W. Norton, 2012, *Bruce Springsteen and the Promise Rock 'n' Roll*.

Ziv Carmon and Dan Ariely, 2000, "Focusing on the Forgone: Why Value Can Appear so Different to buyers and Sellers", *Journal of Consumer Research*, Vol. 27, No. 3.

David E. Harrington, 2009, "Lessons from a Scalper", *Regulation*, Vol. 32, No. 1, Spring.

David Brooks, 2009, "The Other Education", *New York Times*, November 26.

Lawrence White, 2012, "Ticket Buyers Deserve to Have Their Rights Protected", *Huffington Post*, June 12.

Dean Budnick and Josh Baron, 2011, *Ticket Masters: The Rise of the Concert Industry and How the Public Got Scalped*, ECW Press.

David E. Harrington, 2010, "Uncapping Ticket Markets", *Regulation*, Vol. 33, No. 3, Fall.

Phillip Leslie and Alan Sorensen, 2011, "The Welfare Effects of Ticket Resale", Working paper.

发薪日贷款市场有竞争力吗？

维克托·斯坦戈 *

通过分析发薪日贷款征收的"高"价后，我们发现，发薪日贷款市场迅速广泛的发展已经在某种程度上引发了一场相当大的论战。这样的"高价"指控合理吗？发薪日贷款机构争辩道，一旦它需要支付业务的所有经济成本，就说明贷款没有产生超额利润。而银行和信用社则认为，目前贷款收取的费用大于成本费用；信用社还特别提到它们能以更低的价格为相同的借款者提供业务。

本文提出几个新证据来说明问题。信用社能以更低价格提供具有相同作用的发薪日贷款，还是提供另外一种价格—特性相结合的借款者更喜欢的业务呢？比较关键的是同时考虑到价格和与价格无关的特性，因为如果潜在借款者发现信用社的发薪日贷款的特性毫无吸引力，或者其在紧缩信贷的审批要求下将潜在借款者排除在市场以外，那么即便是低价的信用社贷款也不能与标准贷款竞争。

最直接的证据在该情况下最能说明问题——目前很少有信用社提供发薪日贷款。自 2009 年起，不足 6% 的信用社提供该贷款，并且这些信用社发薪日贷款很可能只占了不到全国发薪日贷

* 维克托·斯坦戈（Victor Stango），美国加州大学戴维斯分校工商管理研究院副教授，《国际产业组织学杂志》副主编。

译者金坤亦，上海金融与法律研究院研究助理。

款市场的 2%。这个"市场测试"显示了信用社意识到进入发薪日贷款市场的前景并不吸引人。由于存在对发薪日贷款的某些严格监管，信用社的低价看来并不能与那些具有本质相似业务的贷款机构相竞争。

那些提供发薪日贷款的少数信用社的收费和利息费往往与标准贷款费用非常接近（甚至更高）。国家对信用社贷款也存在紧缩信贷要求，该要求通过限额配给市场风险较高的借款者使得拖欠债务率变得很低。而与此同时，信用社的风险调整价格也许不比标准贷款低。

最后一个经常被政策讨论所忽略的要点，即借款者发现标准贷款的特性比信用社贷款的特性更优越。信用社有营业地点和营业时间的限制，使得客户认为商业发薪日贷款更便捷，信用社发放贷款的申请时间更长，并且拖欠信用社的债务会影响借款者的信用评分，而拖欠标准贷款债务却不会。现在的借款者消极地看待这些限制条件，他们更倾向于限制少但价格高的贷款，而不是限制多但价格低的贷款。借款者也不喜欢缺乏独立隐私的信贷，因为信用社不能"使其发薪日贷款独立于其他银行业务"。

简言之，其他金融机构能以低价经营发薪日贷款市场的说法并不合理。利率和费用较低时，信用社要么被迫彻底停止提供发薪日贷款，要么只乐意提供一种潜在借款者并不感兴趣的贷款。

一、发薪日贷款：一个导火线

发薪日贷款是短期预付款而不是将来的真实薪水。通常放贷者每次预付给贷款者 100—500 美元，而借款者会签署一张远期支票给放贷者作为回报，其中包含了贷款本金和申请费用，两周后放贷者将支票兑换。其中，贷款申请费可视为一种利息费，通常情况下贷款额每新增 100 美元，放贷者收取 15 美元的贷款申请费。

发薪日贷款没有设定抵押担保，与信用卡相似，而与住房贷款和汽车贷款不同。发薪日贷款的审批要求很低，一份最新的银行账单、一份工资单和一张带照片的身份证明通常就能通过审批。在大多数情况下，审批被拒的唯一原因就是近期存在拖欠发薪日贷款的情况。由于放贷者通常使用独立于信用局的数据库来追踪借款者之前拖欠债务的情况，因此审批以及之前的违约行为并不影响借款者的信用评估。对借款者而言，这种较宽松的信贷标准比较有吸引力。而放贷者所担忧的是更频繁的违约现象，因为这类贷款没有设定抵押担保，而且所借之人都是高风险借款者。

发薪日贷款机构以其地理位置、便捷程度及贷款价格来相互竞争。发薪日贷款的输出规模相当狭小，启动成本与银行贷款相比也低得多。贷款机构的出现使这个有吸引力的市场迅速饱和。贷款机构可在任何地点设置，且营业时间比银行更长。借款者也很容易理解贷款机构所示的价格，因为其价格体系比其他大多数贷款要简单易懂得多。

美国对发薪日贷款的需求很大，贷款机构在过去的 20 年中分布广泛。目前已经有超过 24 000 个网点，相比之下，银行和信用社的总数大约为 16 000 家。与此同时，还有更多的网上在线贷款机构。市场渗透率的评估有很多种，但是行业动态显示美国成年人中有 5％—10％至少有过一次发薪日贷款经历。

发薪日贷款也不是只限于那些"手头紧"的人。最近研究显示，即使许多借款者有价格更低的贷款选择如信用卡，他们也还是会选择发薪日贷款。他们知道发薪日贷款费用比账户透支或审查信用卡授信额度的费用低。

二、发薪日贷款是高利贷吗？

如果有人将每100美元支付15美元的贷款申请费视为利息费，则一般的发薪日贷款的年利率（APR）为391％。APR就是评论者所经常标记为"太高"的指标，因为它超过了大多数其他消费贷款的水平，还超过了大多数州所规定的贷款率的上限。批判者们指出这种高价需要出台正当合理的立法将发薪日贷款的APR控制在一个较低水平，有一些州已经通过了类似立法。

是否"太高"只能相对于基准来衡量，当然，对于大多数经济学家和决策者而言，正确的基准是"保本"，也就是经济术语中的收支平衡，这种基准还有助于建立与银行和信用社的相关讨论。为了说明发薪日贷款的APR太高的情况，可以提出以下两个论点的任何一个，即贷款机构收取超过其自身收支平衡水平的价格，或者信用社在明显低利率和低费用条件下依然可以保持收支平衡。

目前的学术研究指出对发薪日贷款机构是否收取保本价格的分析中的几个关键问题。与所有放贷者一样，发薪日贷款机构必须支付与其贷款相关的一切成本（包括显性的和隐性的）。但是对它们而言，这些成本的组成与汽车贷款或信用卡贷款的成本组成有很大不同。对发薪日贷款机构来说，固定成本包括：租金、设备以及部分独立于贷款量的人工费，与其收入相比，该固定成本很大。而对其他大型贷款来说，固定成本被更大的收入（比如每笔抵押贷款收入远远超过发薪日贷款收入）所覆盖。

发薪日贷款成本还包括每笔贷款的处理成本：人工费和与信用评估相关的费用。同样，这些成本相对于家庭贷款和汽车贷款而言大得多，因为发薪日贷款金额太小了。

发薪日贷款与其他贷款的另一个不同点在于发薪日贷款的违约率更高。由于它没有设定抵押担保，当产生坏账时贷款机构几乎不可能收回贷款本金，这会导致保本费用显著提高。设想一个

发薪日贷款机构面临着每笔贷款产生的 25 美元的固定成本和边际成本，这是 2005 年马克·弗兰纳里（Mark Flannery）和凯瑟琳·萨莫里克（Katherine Samolyk）对贷款机构成本结构的研究发现的数据。在没有违约风险的情况下，每笔贷款的保本费是 25 美元，但是一旦存在 5％的违约率且平均贷款是 300 美元，则每笔贷款的保本费将升至 40 美元。

值得注意的是，与资金成本几乎包括了所有贷款成本的本金较大的贷款（如抵押贷款）相比，发薪日贷款的资金成本相对于它的其他贷款成本而言很少。因此，利用 APR 作为发薪日贷款"组成"的衡量标准会误导公众，只有当贷款机构的资金成本是所有成本中最重要的组成部分时，APR 才是一个比较好的贷款组成的度量标准。

除直接比较发薪日贷款成本的证据以外，乔纳森·津曼（Jonathan Zinman）的一个较小的评估工作显示，费用上限会导致贷款机构破产。如果费用上限比保本价格水平低，破产就是人们所预期的。根据 2009 年佩奇·斯基巴（Paige Skiba）和杰里米·托巴克曼（Jeremy Tobacman）的论文，发薪日贷款机构并没有从股票证券市场赚得"超额利润"。

保本价格总体上也和产业结构相符合，不大可能形成持续性经济收益。发薪日贷款有许多与完全竞争市场相关的特点，包括小规模和自由进入。尽管如此，许多人还是对这一论点持怀疑态度。

三、有多少信用社提供发薪日贷款？

2009 年，美国信用合作社管理局（NCUA）曾要求信用社提交有关它们是否提供发薪日贷款的报告。这些数据是面向公众公开的，其涵盖了当时美国所有的联邦担保的信用社。数据显示了每个信用社是否提供发薪日贷款以及相关的地点、规模和特点等其他详细信息。

数据显示，从 2009 年 3 月起，所涉及的 7 749 家信用社中大约有 6％（479 家）提供了发薪日贷款，到了 7 月，数量有少量上升（503 家）。遗憾的是，这些数据并没有包含放贷信用社的贷款额度。

不过粗略的计算是很有用的。如果这 479 家信用社的贷款额度都与贷款机构的贷款额度相一致，那么信用社就占了国家发薪日贷款市场的大约 2%。若存在网上在线贷款，则该数据就更小了。该数据在允许发薪日贷款的州会更小，因为发薪日贷款机构都集中在那里。

但是情况会随着时间而变化，NCUA 的数据暗示了关于信用社进入发薪日贷款市场的两种情况。第一，有相对少数的信用社认为进入该市场是值得的。第二，与发薪日贷款机构所经营的市场规模相比，迄今为止信用社的入市规模还很小。

为何没有更多的信用社提供发薪日贷款？只有极少数信用社提供发薪日贷款的事实向人们提出了一个简单的问题：是什么阻碍了信用社以低价提供发薪日贷款？为了回答这个问题，2009 年5 月的一份调查分析向信用社代表们提出了关于提供发薪日贷款的下降趋势的问题。一位调查员（一个研究生助理）电话联系了46 家信用社，他从一份名单入手，该名单包含了从 NCUA 数据中 7 749 家信用社中随意挑选的 250 家信用社。所有调查对象都是信用社的雇员，其中许多人是信贷员或分社经理。

很少有信用社有回应，但在那些有回应的人中，对于不愿提供发薪日贷款的多数原因都是因为这类贷款"风险太高"。某些回应者表示评估来源于直接经验，比如有个回应者这么说："我们过去经常提供发薪日贷款但如今停止了，因为拖欠债务的行为太频繁了。"其他回应者的回答落在"需求不足"或"利息太高"上。后者实质上是一个基于风险的解释，损益平衡就使得利率要么不吸引消费者，要么比信用社想要设定的利率还高。

但是上述例子毕竟是代表少数信用社，将那些回应当成轶事会比较好，回应者们有一致的观点认为多数信用社不提供发薪日贷款的原因是，在低于市场一般费用和利率的条件下，信用社很难弥补违约带来的风险。从某种意义上讲，该证据提供了一项有关信用社是否能成为短期信贷市场中具有竞争力的供应者的市场测试，只是该测试暗示了一个消极的答案。另一种可能性是信用社（及商业银行）不涉足发薪日贷款，因为它们可以通过审查透支情况赚取更多的边际收益，而源于透支的收入是目前银行的非利息收入的一个最大组成部分。

四、信用社发薪日贷款的条款有哪些？

除了入市的证据外，通过对那些提供发薪日贷款的信用社进行价格审查，我们还能了解其市场竞争力如何。那些信用社大量削减了发薪日贷款利率吗？如果是，我们就有证据证明事实上发薪日贷款利率"太高"。

虽然数据有限，但通过网上资源（Google 搜索）查找前文提到的电话调查和国家信用社基金会发表的一篇信用社行业报告，我们可以了解到 2009 年至 2010 年间，约半数提供发薪日贷款的信用社的贷款条款。

有两个背景信息很重要。第一，联邦信用社面临一项禁止收费超过 18％APR（相当于每月贷款本金为每 100 美元收取 1.5 美元）的监管禁令。多数信用社遵守该禁令，但某些州的信用社收费为 36％APR。为了弥补低价贷款的 APR，信用社一般会做两件事：征收每笔贷款处理费或年度贷款项目费，以及/或者对贷款者施加贷款期限和获取贷款的限制条件。前者是为了提高价格，而后者是为了降低违约风险。

第二，许多信用社通过形成提供标准贷款和低违约风险的联盟来提供发薪日贷款。其中两个最大的联盟是 Better Choice 和 StretchPay，分别位于宾夕法尼亚州和俄亥俄州。Better Choice 拥有约 80 个信用社成员，而 StretchPay 拥有 100 多个，这意味着两个联盟联合起来约占整个国家提供发薪日贷款的信用社的40％。因此，这些联盟设定的条款非常有意义，因为它们被许多信用社所采纳。值得注意的是，Better Choice 的项目拥有宾夕法尼亚州财政的补贴，其价格也因此比市场价格更便宜。

表1　信用社中发薪日贷款的替代品的条件

	费用	年利率	最长时间	"储蓄存款"比例	其他限制
Better Choice	每年 37—70 美元	18%	90 天	5%	A,E
StretchPay	每笔贷款 25 美元	18%	30 天	10%	A,B,C
ADVANCPay	每笔贷款 60—70 美元	无	2 周	无	D
GoodMoney	每 100 美元收取 9.90 美元	无	2 周	无	B
Rivermark	每笔贷款 15 美元	25%	30 天	无	A,B
Veridian	每笔贷款 20 美元	21%	180 天	50%	C,D
1st Financial FCU	每笔贷款 50 美元	10%	30 天	无	A,B,C
Four Corners	20 美元	18%	120 天	无	B,D

注：其他限制条件包括：A. 会员持续时间的要求；B. 最低收入/任期要求；C. 内部信用审查；D. 直接存款；E. 外部信用审查。E表示发薪日贷款机构的使用与外部信用审查不同（比如，GoodMoney 使用 Teletrack，因此它不存在 E）。

数据来源：http://www.ohiocreditunions.org/stretchPay/CuInfo.htm，http://www.pacreditunions.com/betterchoice.html，http://www.realsolutions.coop/assets/2009/3/24/rEal_solutions_Payday_loan_Toolkit_v032309.pdf.

Better Choice 和 StretchPay 的 APR 均为 18%。两者都收费：StretchPay 的做法是，贷款金额为 250 美元的收取 35 美元作为年费，贷款金额为 500 美元的收取 70 美元。而 Better Choice 的做法是，贷款金额在 500 美元以内则收取贷款申请费每笔 25 美元。Better Choice 有 90 天还款期限，而 StretchPay 只有 30 天。

表1显示了 Better Choice 和 StretchPay 以及其他几个信用社的贷款条款。条款之间有所不同，但是在结构上基本一致：其 APR 几乎都为 18%。某些信用社的贷款不收取年费，而只是简单地以每贷出 100 美元收取相应费用。其中较著名的项目之一是 GoodMoney 项目，它的收费情况是每贷出 100 美元收取 9.9 美

元，其贷款期限是两周。增长比较快的项目是由一个内华达州信用社（前身是内华达州联邦信用社）操作的 ADVANCPay 项目，其贷款金额在 700 美元以内对每笔贷款收取固定的 70 美元。不过由于这些数据不够全面，其他信用社的利率和收费有可能比此处显示的例子中的数据高，也有可能低，但这些数据某种程度上可以代表全国范围内信用社的利率和收费的范围和种类。

对这些条款与标准贷款条款的比较显得并不那么简单。信用社的发薪日贷款总费用会因贷款的偿还速度而不同。当信用社征收年费而不是每笔贷款费时，每笔贷款的平均收费将随着贷款数目的增加而减少。最终，某些信用社要求源自贷款本金的一部分作为"储蓄存款"，StretchPay 要求有 10% 的存款，而 Better Choice 要求 5%。贷款机构只允许借款者在偿还贷款后取回这些存款，这样就使贷款金额有效减少 5% 或 10%，比如，StretchPay 的一笔 500 美元的贷款实际上只留给借款者 450 美元的短期现金。这种储蓄存款的直接效果是增加了信用社发薪日贷款的有效利息。举个例子，Veridian 信用社控制了贷款金额的 50%，却收取了全部贷款金额的利息，这就导致贷款者需要实际支付两倍的 APR。

为了根据这些详细信息来比较条款之间的不同，表 2 选择了比较有代表性的贷款金额和偿还期限来估算不同的贷款产品之间总费用的差别。表格显示了小额（180 美元）贷款与大额（450 美元）贷款的借款期限分别为两周与 1 个月。对于那些期限为两周的贷款而言，后一种情况代表了贷款的一轮"延期付款"。

表 2　关于标准发薪日贷款与信用社发薪日贷款两者的借贷成本的比较

	180 美元贷款		450 美元贷款	
	两周（美元）	一个月（美元）	两周（美元）	一个月（美元）
Standard payday loan	27.00	54.00	67.50	135.00
Better Choice	36.41	37.84	73.54	77.09
StretchPay	26.50	28.00	27.50	30.00
ADVANCPay	70.00	140.00	70.00	140.00

续表

	180 美元贷款		450 美元贷款	
	两周（美元）	一个月（美元）	两周（美元）	一个月（美元）
GoodMoney	17.82	35.64	44.55	89.10
Rivermark	16.87	18.75	19.69	24.38
Veridian	23.15	26.30	27.88	35.75
Four Corners	21.35	22.70	23.88	26.75

注：总成本包括任何年费或申请费以及利息费，从表1可知，除了 StretchPay、Better Choice 和 Veridian（三者强行从现金收入中扣除存款）之外，假定所涉信用社贷款均为 450 美元的贷款金额。StretchPay 在储蓄存款率为 10% 的情况下的贷款金额为 200 美元/500 美元，留给借款者 180 美元/450 美元的短期贷款。Better Choice 在存款率为 5% 的情况下的贷款金额为 189 美元/472.50 美元，同样留给借款者 180 美元/450 美元的短期贷款。Veridian 在存款率为 50% 的情况下的贷款金额为 360 美元/900 美元。ADVANCPay 用间接存款率提供与标准贷款相似的贷款。

表2显示标准发薪日贷款优于某些贷款项目而次于其他。没有专栏显示标准贷款成本比任何信用社贷款都高，这很大程度上是由于 ADVANCPay 贷款的极高费用。但是对于小额短期贷款而言，标准贷款在总费用方面优于多数贷款项目。尤其对于期限为两周的 180 美元的小额贷款而言，标准贷款优于其他贷款项目中的三个，本质上与其中一个不相上下，比其他两个更贵。然而需要注意的是，StretchPay 是目前为止其他信用社中最常见的基准，从这层意义上讲标准贷款与 StretchPay 贷款所需花费几乎完全相同。

表2中的模式暗示了一个总体结论和几个具体结论。**总体结论是信用社的发薪日贷款费用往往比标准的发薪日贷款费用低一些，不过通常差距不大，有时甚至会高于标准贷款费用。具体结论是关于不同类型的借款者是如何看待这些选择的。在其他条件完全相同的情况下，需要小额短期贷款的借款者发现标准贷款在总费用上更有竞争力。长期需要资金的借款者以及想要因此延期偿还一系列贷款的借款者会发现，信用社的发薪日贷款的还款期**

限更长，更吸引他们。在这些贷款模式中，最好的选择是那些需要交年费的贷款，而不是交每次服务费用的贷款，但是事实上前者比较少见。巨额借款者会发现信用社交每次服务费的发薪日贷款比较吸引人，因为该费用不会随着贷款金额的增加而增加。

偏向较长还款期和偏向较高贷款金额的两种倾向均表明，信用社发薪日贷款会更吸引处于较大财务困境中的借款者，因为他们同时需要更多的借款和更长的还款期限。财务处境较好的借款者则不会如此强烈地想要选择信用社贷款。这就产生了一个问题：期待信用社去争取那些正向贷款机构贷款的更有财务压力的借款者合适吗？有人认为信用社原本就比较吸引那些财政情况比普通人更稳定的借款者，且信用社的贷款违约率总体上比商业银行低，这说明其客户群的风险较低。由此可以看到，贷款产品与借款者之间的不匹配使得信用社很难进军这个贷款市场。当然这种不匹配是信用社所面临的利率上限产生的一种作用，因为信用社必须通过申请费或年费来弥补所放弃的利息收入。如果客户发现 NCUA 许可的收费结构没有吸引力或者太过复杂，则将 NCUA 的利率上限视为对信用社进军市场的一种威慑也算合乎公平。

信用社最终有可能会建立更多具有实际竞争力的创新的商业模式。比如北卡罗来纳州员工信用社（NCSECU）有一项不收费的发薪日贷款产品，还款期限为 1 个月，APR 为 12％。NCSECU 将每笔贷款的 5％作为储蓄存款，并随着每次贷款而增加，客户不能随意获取这笔资金，之后提取资金可以防止客户在随后的 6 个月中获取另一笔预付薪水。累积的"存款"和受限存取有效保障了大量借款者的借款安全。比如，持续借款 6 个月的客户会因违约失去 30％的贷款本金，持续借款 12 个月的客户则会失去 60％。在这两种情况下，若客户不愿放弃随后 6 个月获取另一笔薪水预付款的机会，则其不能提取"存款"里的资金。尽管由于北卡罗来纳州目前禁止发薪日贷款，导致无法判断 NCSECU 的项目与标准发薪日贷款相比的竞争力，但该项目几乎毫无疑问是成功的。

最终观察发现人们对信用社较高的发薪日贷款利率和费用存

在争议。2009 年 7 月，全国消费者法律中心发表了一篇犀利的评论文章，关于某些信用社提供几乎与标准发薪日贷款费用相同的"虚假的发薪日贷款'产品'"。文章提到某些信用社时说道："根据法律，信用社的利率上限为 18%，而某些信用社利用增加费用来操控 APR。"文章举了几个例子说明某信用社的发薪日贷款的实际 APR 已超过了 400%（这只是对表 2 所呈现的结论的重述而已，尽管本人倾向于比较借贷成本而非比较 APR）。同月，NCUA 发布了针对考虑提供发薪日贷款的信用社的详细指南，目的是为了提醒信用社关于"风险、合规问题以及运行发薪日贷款项目的相关责任"。

信用社开发的发薪日贷款产品旨在在低于标准发薪日贷款费用的价格下实现收支平衡，这场讨论强调了在这个过程中信用社面临的困难，还暗示了目前的政治和经济为信用社不愿进入发薪日贷款市场提供了部分解释：若监督/监管部门和客户群对发薪日贷款不满，则信用社会担忧进入该市场很可能只是刺激产生更严格的监管或者导致其自身信誉度降低。

五、发薪日贷款机构与信用社质的区别

除了贷款的期限以外，贷款机构和信用社提供的发薪日贷款存在实质区别。某些区别是信用社在批准和偿还贷款上设置的一些限制条件。信用社通常在放款核准上设定更严格的标准。大多数信用社要求借款者在放款前已是其 60—90 天的会员。对于延期偿付其他贷款或者有破产记录的客户，大多数信用社都会拒绝其贷款申请。某些信用社利用信贷管理局的资料信息筛选掉那些风险大的客户。某些信用社要求贷款者有薪水的直接存款。许多信用社只借款给那些收入高于其设定的最低收入的借款者。

这些限制条件与价格有必然的经济联系。众所周知，在信贷市场，价格较低（通常指贷款利率）的公司可以通过排除高风险借款者的限额配给贷款的方法来补足。通过只限制获取无其他拖欠账款情况的长期客户的信息，信用社所利用的关于信用可靠程度的信息与贷款机构将面对的那些不请自来的借款者信息不同，

也可以说比它更好。使用信贷管理局的信息说明了与标准发薪日贷款机构相比，信用社对风险学习的投资更大。会员限制、最低收入要求以及直接存款要求改变了有资格贷款的客户结构，这些限制通常会筛选掉那些财政压力较大者而保留压力较小者。

这些区别使得信用社发薪日贷款的违约率较低。Prospera 信用社采用 GoodMoney 项目（与标准贷款很相似），没有直接存款或会员资格要求，只是审核标准更严格一点，它的贷款损失率为 4.6%。Wright-Patt 信用社要求具有 60 天以上的会员资格，并且最低月收入为 1 300 美元，但不要求有直接存款，它的贷款损失率为 1.7%。Veridian 信用社使用与贷款机构同样的信用评估数据库，但要求具有直接存款，它的贷款损失率为 1.8%。Four Corners 信用社要求有直接存款，它的贷款损失率为 0.3%。通过比较可知，贷款机构的贷款净损失率为 4% 左右。

信用社贷款的违约率较低意味着期限或借贷成本的简单对比不能回答"标准发薪日贷款利率太高了吗？"的问题。设定标准贷款利率是为了弥补标准贷款的违约风险。信用社贷款利率也必须弥补违约风险，但它的风险较低。因此信用社因违约率而异的利率和费用或许能与标准贷款的利率和费用相竞争（甚至更高）。

信用社和贷款机构在其他对客户而言细微的但同样重要的方面也存在不同。其中一个不同点是申请和核准期限不同，贷款机构的期限总体较短。信用社的营业时间相比贷款机构而言更有限，有时比商业银行营业时间还短。

六、消费者偏向发薪日贷款 VS. 信用社贷款产品

为了评价非价格差别的重要性，一家独立的调研公司受托访问了 40 位借款者，包括关于标准发薪日贷款和信用社发薪日贷款的一系列问题。这个问卷调查选择了一个周五在人口密度高的加州首府萨克拉门托进行。调查随机选取客户，并给予其 25 美元的代金券（借出人可赎回）以参与问卷调查。

问卷一开始假定了一个稍优于 Better Choice 项目的附期限的信用社发薪日贷款：

在以下几个问题中，假定你的银行或信用社提供了一个发薪日贷款给你，每笔贷款收取18%的年利率和35美元的年费（不考虑贷款数量）。

随后问卷开始询问这个贷款和标准贷款相比较的一系列问题。每一个问题还要求借款者评估信用社业务的其他一项特性。比如，一个关于直接存款的问题：

若该产品的费用/利率较高，但要求在你的薪水被直接存款时立即偿还贷款，并且在其他方面与标准贷款相同，此时你会选择这一产品来解决短期的现金需求，还是依然选择发薪日贷款机构？

问卷提出了7个类似的问题，每一个都与信用社贷款产品的不同特性有关，这些特性是：（1）薪水直接存款的要求；（2）贷款只在正常银行工作时间内才可获取；（3）违约对信用评分产生消极影响；（4）5%的"储蓄存款"；（5）30分钟的贷款申请与审批期限；（6）不允许延期偿还贷款；（7）至少60天的会员资格要求。这些特性只是标准贷款和信用社贷款之间的本质差别的整合。

在信用社贷款价格区间中，Better Choice项目相当受人们青睐，这意味着各种偏好都指向信用社类的发薪日贷款。由于它是逐个按照特性获得收益的，调查问卷也只是请借款者选择其中一种非价格特性来弥补其低价而不是一整套特性（这一整套可能比任何一种特性价格更高）。这个调查研究的一个好处在于它得出了借款者对哪些非价格特性评价最高的信息。

表3对调查结果作出总结。除了一项特性之外，对于其他每项特性，3/4（30/40）以上的借款者比较倾向于标准贷款。在某些情况下，这种倾向甚至是完全一致的。

调查结果暗示了这些特性的排列顺序。最不吸引人的特性是对延期偿付和短时操作的限制。接下来是较长的申请审批时间和向信贷管理局报告违约情况。最短会员资格要求和储蓄存款的要求同样被视为阻碍贷款的因素。相对吸引人的选择是薪水直接存款要求。根据这一小范围的抽样调查，这些评估的标准误差很大，但是大多数借款者倾向于价格高但限制少的选择。

表3 标准贷款与信用社发薪日贷款的消费者偏好比较

根据信用社发薪日贷款的特征设置指标

特征	消费者偏好	
	银行/信用卡	发薪日贷款
直接贷款要求	33％	68％
只在正常的银行营业时间经营	10％	90％
破产会影响信用评分	13％	88％
5％的储蓄存款	25％	75％
30分钟的申请时间	18％	83％
不允许延期付款	8％	93％
60天的会员资格要求	25％	75％

注：2009年7月对加州萨克拉门托的40位有发薪日贷款的受访者的调查结果。调查问卷请受访者依据与Better Choice业务中相同的条款，在标准贷款和信用社贷款之间进行选择，信用社贷款也在"特性"一栏里罗列了其限制条件。受访者人数为40人，表格中的任意选择的90％的置信区间为+/−16％。

调查问卷还提出了其他两个问题，关于在这些业务中，借款者认为它们之间不那么显而易见的差别是什么。其中一个比较直接的问题是针对选择相同产品的借款者：

假定你的银行或信用社提供了一项短期贷款产品给你，该产品与标准发薪日贷款相同。你会选择该产品来解决短期的现金需求，还是依然选择贷款机构？

这个问题引出了借款者对与每种类型的贷款机构的"软"特性的偏向。接下来的问题试着了解这些软特性是什么：

如果你的答案是……依然选择贷款机构，能解释一下原因吗？请在下述可能的原因上打勾。

　　a. 地理位置：贷款机构离我家或工作地点比较近。

　　b. 营业时间：贷款机构可以让我在正常银行工作时间之前或之后还能获取贷款现金。

　　c. 放贷速度：贷款机构的放贷速度很快，我不需要花大量时间在网点里。

　　d. 隐私性：因个人原因，我希望将我的发薪日贷款独立于我其他的银行业务。

　　大多数（55％）当前借款者表示，他们倾向于向贷款机构借款，即使银行或信用社提供相同的业务。这表明对某些借款者而言，贷款机构给予的实质利益比较大。对第二个问题的回应表明了贷款机构最重要的"软"特性是营业时间（77％的人选择）、隐私性（73％的人选择）、放贷速度（64％的人选择）以及地理位置（59％的人选择）。

　　总体而言，调查结果向我们描绘了一张很清晰的图画。普通的信用社贷款的特性使得这些贷款不那么受借款者的欢迎。即便只有一个限制条件，多数借款者都会拒绝这一业务，即使信用社贷款的费用和利率比贷款机构的低（调查中贷款的条款甚至比有补贴的 Better Choice 业务还便宜）。

　　那些不受欢迎的特性是在审批或偿还方面的限制条件，意味着借款者很看重违约这一选项，这关乎他们是否会无法偿还贷款。借款者对其他软特性（比如营业时间以及隐私性）的重视从某种意义上对信用社业务模式的损害更大，因为这些软特性是信用社的固有特性。即使信用社决定尽可能地效仿标准贷款业务，它们依然有可能无法达到这些软特性。

七、结论

　　现有的最佳证据支持这一观点，即信用社无法像短期贷款提供者那样提供贷款给那些贷款机构的客户。最有说服力的是，即使没有法律上或监管上的措施，也只有极少数信用社选择提供发薪日贷款。这是一个令人信服的市场测试——标准版发薪日贷款胜过信用社版发薪日贷款。

此外，几乎没有表明信用社能够提供有竞争力的发薪日贷款的证据。现有的信用社贷款的借贷总成本通常与标准贷款的很接近。并且信用社贷款的违约风险较低，而标准贷款随风险而变的价格或许并不比信用社贷款的高。

最后，现在的借款者很重视贷款机构提供的非价格方面的利益。其中有些利益（比如更长的营业时间和隐私性）是贷款机构业务模式本身固有的，银行或信用社几乎不可能效仿。

尽管本文以信用社作为竞争力的基准，但是没有理由相信在与贷款机构竞争中银行比信用社更有竞争力。银行通常在业务范围内收取更高的贷款利率。来自联邦存款保险公司的银行小额贷款项目的证据显示，某些银行的贷款利率低于保本线。这些调查结果说明了期待公司（无论是被严格监管的发薪日贷款机构还是其他不受监管的金融机构比如银行和信用社）提供给借款者低价的并在其他方面与短期贷款业务相同的贷款是不切实际的。

当然，阻止借款者获取这类贷款对他们是利是弊是一个独立的问题。关于这一点的证据是混合性的，不过总体上该证据显示了许多借款者因短期贷款而受益，即便在有些人看来其价格很"高"。从这一调查工作来看，此处的证据表明了对发薪日贷款的监管仅能将贷款机构驱逐出短期信贷市场，却无法指望其他金融机构来填补这一空缺，尤其在价格更低的情况下。这就会导致留给原本可以从短期贷款中获益的借款者的选择更少，从而使他们的财政状况更糟。因此，任何关于短期信贷市场的公共政策的讨论都必须考虑到这一消极因素。

延伸阅读

Edward Lawrence and Greg Elliehausen, 2008, "A Comparative Analysis of Payday Loan Customers", *Contemporary Economic Policy*, Vol. 26.

Michael Barr, 2004, "Banking the Poor", *Yale Journal on Regulation*, Vol. 121.

Michael A. Stegman, 2007, "Payday Lending", *Journal of Economic Perspectives*, Vol. 21.

Mark Flannery and Katherine Samolyk, 2005, "Payday Lending: Do the Costs Justify the Price?", FDIC Center for Financial Research Working Paper.

Paige Skiba and Jeremy Tobacman, 2009, "Payday Loans and Credit Cards: New Liquidity and Credit Scoring Puzzles?", *American Economic Review Papers and Proceedings*, Vol. 99, No. 2.

Jonathan Zinman, 2010, "Restricting Consumer Credit Access: Household Survey Evidence on Effects around the Oregon Rate Cap", *Journal of Banking and Finance*, Vol. 34, No. 3.

Victor Stango and Jonathan Zinman, 2009, "What Do Consumers Really Pay on Their Checking and Credit Card Accounts? Explicit, Implicit, and Avoidable Costs", *American Economic Review Papers and Proceedings* Vol. 99, No. 2.

Facebook、《创业企业扶助法》
以及对 IPO 的废除

亚当·C. 普里查德[*]

所谓首次公开募股（Initial Public Offerings，简称 IPO）是指企业首次向社会公众发行股票，它是投资者意见的风向标。如果投资者愿意把钱投进未经考验的新兴企业，那就说明投资者一定是对其有信心，看好其必会上涨的前景。IPO 被视做显示金融市场健康与否的晴雨表，被商业媒体频繁援引。

同样地，政治家们也将 IPO 的稳定视做资本扶持创业计划的指标，这将会带来新兴企业的蓬勃发展。新兴企业能够创造就业机会，因此共和党与民主党都意识到为何促进 IPO 发展是那么重要。这样的两党共识也推动了国会在 2012 年春天通过了《创业企业扶助法》（Jump-start Our Business Start-ups Act，以下简称《JOBS 法案》）。《JOBS 法案》放松了一系列对于私人企业考虑 IPO 来说是绊脚石的管制要求。恰逢选举年，为了促进经济增长，总统奥巴马不顾美国证券交易委员会（Securities and Exchange Commission，以下简称 SEC）的反对，迅速签署了该法案（使其得以正式生效）。

然而，投资者的意见总是变幻无常的，IPO 市场也常常因为这种大起大落的波动性而臭名昭著。通过 Facebook 在 2012 年 5

---

　* 亚当·C. 普里查德（Adam C. Pritchard），美国密歇根大学法学院 Frances and George Skestos 法学教授。

　译者张毛培，上海金融与法律研究院研究助理。

月的 IPO 状况我们就可以看到这种变幻无常。这场交易从一开始被视为自 Google 在 2004 年 IPO 以来最被看好的交易，到最后却沦为了一个令投资者警醒的教训。Facebook 的上市发行价格为每股 38 美元，但是它在二级市场的股票交易价格却迅速缩水，并随即招致一连串的诉讼。正当投资者们仍在为 Facebook 的损失而痛心疾首时，公司企业纷纷表示不想再继续冒险，一场"IPO旱情"就这样发生了。而后美国国会就此举行了听证会，对 IPO 的全过程进行审查。

这究竟是 IPO 制度本身存在根本性的问题，还是 Facebook 的 IPO 失常了？

一、首次公开募股：糟糕的交易

不幸的是，Facebook 此次的溃败只是这一低效融资方式的一个突出例子罢了。正是华尔街的市场营销以及媒体关注所推动的炒作与非理性繁荣促使了这些原本并不值得推荐的交易进行。可以毫不夸张地说，IPO 市场与经济学家理想中的有效资本市场还差得很远。

（一）抑价发行

尽管 Facebook 在二级市场的表现令人失望，但对于 IPO 来说更普遍的问题在于"抑价发行"。IPO 抑价是指新股发行上市首日的收盘价明显高于发行价。从发行人的角度来说，二级市场的上市价格与发行价之间的差异反映出尚未开发的对公司股票的市场需求，以及尚未用来满足公司资本需要的资金。那为什么发行人会"将这些钱留在桌面上"呢？

经济学家们提出了诸多解释抑价发行的理论，其中最合理的解释是，认为这种价格激增反映的是那些被首次发行排除在外的个人投资者所掀起的投机热潮。投机的作用也有助于解释为何在销售证券的不同机制中，由承销商招揽订单的传统簿记建档发行（"book-built" offerings）机制比拍卖机制更有优势。拍卖机制下并不"把钱留在桌面上"，所以就无法吸引市场紧随。拍卖的致命弱点在于它无法排除"傻钱"（dumb money）。如果个人投资者被准许支配定价，那么机构投资者为了谨防这些"胜利者的祸害"（也就是为了避免买入出价过高的股票）就会对这些股票发行避而远之。抑价发行简单来说就是为了排除在首次定价过程中的不利因素而形成的。

然而，簿记发行也仅仅只是将这些"傻钱"转移到了二级市场。一旦发生了，原本的一切赌注也就白费了。

（二）长期弱势

个人投资者在投机热情的驱使下涌入二级市场，这也解释了为何新股总是长期趋于弱势。对于投资者来说，相比在 IPO 里追踪一个大企业，还是购买指数化证券投资基金（index fund，指数基金）会获得更好的服务。因为个人投资者往往需要忍受各种市场滞后的回报，以求换取他们所买入的某支股票有朝一日能够成为下一个苹果（Apple）或微软（Microsoft）。而二级市场的价格总是被一种彩票心态所驱使，至少在近期内，它不太可能会产生对一个公司未来现金流的精确定价。

假定 IPO 具有典型的抑价发行模式，那么又该怎么解释 Facebook 在二级市场中上市价格的不合理的缩水呢？各种各样的因素都能被视为罪魁祸首，与此同时导致其价格跌落的一大直接原因，应当是因为公司最终决定发行比原定计划多 25％的股份。毫无疑问这一决定部分导致了在发行时个人投资者被分配到一大笔股份。摩根士丹利（Morgan Stanley）作为 Facebook 的承销商，因其激进的定价而备受指责。纳斯达克（Nasdaq）作为 Facebook 上市的交易所，出现了一次技术性灾难，造成了大量交易订单在交易首日凭空消失。然而，最致命的要数包括来自摩根士丹利在内的多家银行内的分析师所曝出的内幕信息，他们基于 Facebook 所披露的在手机用户盈利方面存在困难，而降低了他们对其所预测的收入能力。而这些经过分析师修订过的评估仅仅分享给了投行的机构客户，没有告知个人投资者，从而导致了这些机构投资者迫不及待地想要尽快在 IPO 后把他们手中的股份转给个人投资者。但在供应量聚集的情况下，投机热潮并不足以对二级市场的价格产生实质性的影响。更大的教训在于上市公司在二级市场上的价格十分不稳定。

如果 IPO 是这样糟糕的交易，那为什么他们还要坚持？在目前的制度下，IPO 确实有可操作的必要性。IPO 之所以存在是因为它能够为成为公众公司大联盟的一员提供敲门砖。但这一敲门砖的效率是十分低下的，因为我们很难通过招股说明书里所作出的首次公开披露就对一家我们对其一无所知的公司作出准确的价值评估。当我们无法通过交易市场披露的信息而达成价值共识时，公开发行中的错误定价也是不可避免的。总而言之，无论是从资本形成的角度还是保护个人投资者的角度来看，IPO 都是失败的。

所以要归责于规章制度吗？

二、公与私的界限

美国有两部在大萧条时期制定的法律仍然是监管证券交易的核心。颁布实施的第一部法律是 1933 年《证券法》（the Securities Act of 1933），它适用于证券的公开发行。而第二部是 1934 年《证券交易法》（the Securities Exchange Act of 1934），它适用于二级市场的证券交易，包括规定了公众公司向这些市场的披露义务。尽管两部法律颁布实施的时间仅相隔一年，但这两部法律对公开发行与私募作出了各种不同的区别规定。

根据《证券法》，公开发行是指面向所有的任何一个投资者。由此，公开募股的规定不仅要求信息披露的广泛性，也通过一系列拜占庭式的"禁止抢跑"（gun jumping）制度安排来限制自愿性披露，从而遏制对新股的投机热潮。但对于私募而言，无需向

SEC 登记注册，也不受"禁止抢跑"规则的限制，而这些私募的对象也仅限于那些有能力"自负盈亏"的投资者们，因此也就不需要依靠登记注册以及强制披露来保护。根据 SEC 的推定，凡是符合合格投资者标准的投资人，包括年收入 20 万美元以上或拥有 100 万以上资产的个人投资者，都被视为具备了投资所必备的经验。正因为私募的对象被局限在了经验丰富的投资者中，对私募的披露要求也就没有像对公开募股那么严格与繁重。但与此同时，市场本身的需求也充当了与 SEC 所要求的强制披露一样的效果，也会要求私募进行一定的披露。

而《证券交易法》（以下简称《交易法》）对私人公司与公众公司进行了不同标准的划分。目前，根据《交易法》的规定，满足以下条件之一的即为公众公司：（1）在证券交易所进行过自己股票的上市交易；（2）经登记已向社会公众公开发售过股票；或（3）登记的持股人数超过 500 人。

从理论上来说，公司都是经过首次公开发售股票，并将这些股票在证券交易所挂牌上市后即成为法律上的公众公司。当公司所需要的资本数额只有通过公开市场才能募集到时，公司才会选择成为一家公众公司，然而（实际上）公司进行 IPO 的决定却往往是在公司股东人数即将突破 500 人上限的压力下作出的。这样一来，就会因为先前向自己的员工和早期投资者私募过而产生各种问题。

值得注意的是，《交易法》在划定成为公众公司的标准时没有考虑到对投资者的要求。在 500 个股东数量的要求下，经验丰富的机构投资者与那些小散户被置于同等的地位，这使得发行人无法在跃身成为公众公司时将其发行的股票局限在那些合格投资者之中。要知道根据《证券法》，公司是能够通过私募的方式来将自己的股票只卖给那些合格投资者的，但是根据《交易法》的规定，一旦一家公司的股东数量超过 500 时，它就不得不遵守定期披露的要求，无论投资者合格熟练与否，都要向其进行信息披露。

因此我们可以看到，上述两部法律内部对公私标准的衔接不当造成了很多公司在转为公众公司时的麻烦。而 Facebook 公司就是其中又一典型的例证。

三、Facebook 从私人公司到公众公司

Facebook 从私人公司转向公众公司的道路可谓困难重重。2010 年下半年，高盛（Goldman Sachs）曾提出通过信托向一些机构及其他经验丰富的投资者出售一大笔 Facebook 的股份，这会将他们的收益归拢到一个单一的投资工具中去。这笔交易引起了关注，因为 Facebook 在当时还是一家私人公司，而且打算至少在短期内仍然维持私人公司的性质和地位。这次归拢具有不同寻常的性质，旨在通过将 Facebook 股东名册上的人数控制在 500以下来维持其私人公司的地位。高盛的这项建议正是在规避《交易法》中最多 500 个股东人数的限制。

高盛的策略可行与否尚存争议。但按照 SEC 的规则，一个持有股份并登记在案的法律实体被视做一个股东。因此，如果一个经纪交易商成为投资者们的名义持股人，那么公司就可以在保证股东名册人数不超过 500 人的情况下仍然拥有数以千计的实质股东，也就是受益所有人。然而，SEC 的规则还规定，"如果发行人知道或者有理由知道登记在案的证券持有形式是为了规避所须提交的文件要求"，那么"这些证券的实际受益人的数量也应当被视为股东人数载入名册"。这一条款表明，如果发行人知道持股的法律实体是被用于避开提交公众公司性质的文件申报，那么SEC 就会对持股人进行实质性审查。

而高盛建议的这项交易策略吸引了大量媒体的关注，最终导致了此次发行的终结。正因为担心媒体的关注会被视做"大范围募资"（general solicitation）而造成这次发行沦为"公开"而被强制登记，（为了避免这样的事情发生）本次交易还被人为地操控着。高盛为此将这些股票在离岸交易中发售。

大约在同一时间，Facebook 意图规避公私界限的这项举动在另一件事情当中暴露出来。有传言称 SEC 正在对二级市场中违规转售私人公司证券的情况进行调查。而 Facebook 的证券正是在这些被调查的交易场所之一——SecondMarket 中引人注意的交易

对象之一。这些交易市场主要是为了迎合私人公司的员工（包括在职或曾经在职的）以及这些私人公司的早期投资者。近年来这些市场发展迅猛，但却因为 SEC 的调查而受阻。之后，SEC 宣布它与 SharesPost（SecondMarket 在这个行业的主要竞争对手）就强制执行达成了和解协议。在此次执行中，SEC 起诉该交易场所违反监管规定，称其从事未经许可的经纪交易业务。

SEC 的此次调查为私募市场的未来蒙上了阴影。不仅如此，这些私募市场按照目前的交易结构，其交易量遭受着大量的限制。由于 SecondMarket 和其他类似场所缺少专业人员和造市商（market maker），只能靠简单地在一个比较中心的（实体）地点进行买家卖家的配对，因此也就无法产生上市交易所具有的流动性。这些交易所往往仅限于经许可的合格投资者，并且会负责对潜在的投资者进行甄别，以保证他们符合合格投资者的要求。这些防范措施有助于确保所交易的股票不会被"分散"给公众，这使得这些交易所能够成为《证券法》意义上的承销商。此外，《交易法》对私人公司的股东数量限制也阻碍了这些私募市场的进一步发展。所以，这些交易所的交易规模与公众公司登记的上市交易相比仍然相形见绌。尽管在目前的监管制度下存在这些限制，但这些交易所的交易增长清楚地显示了其爆发式增长的潜力，这只需要监管机制能够有所调整以便为其提供帮助。

四、JOBS 法案

国会中的立法者利用此次高盛为 Facebook 私募的显著失败，来指责 SEC 为资本形成的推进设置障碍。而 SEC 的回应显得老生常谈，它承诺将评估其监管对美国资本市场所产生的影响。然而，SEC 的拖延策略并没有奏效，由共和党主导的众议院因为大选的缘故，加紧推进了相关法案的通过，也就促成了今天的《JOBS 法案》。

（一）公与私的界限

《JOBS 法案》如何影响公与私的划分呢？首先，该法案使得私人公司募集资金更加容易。只要交易只限于合格投资者，法案就允许私人公司进行大范围募集资金，从而放松了私募发行的程序要求。另外，该法案修补了公众公司的组织框架，将股东数量的下限增加到 2 000（虽然不合格投资者不能超过 500 个），同时将员工股东排除在外。通过这些修改应当能够推迟一个正在壮大的公司被迫成为公众公司的时间。

这些条款看似是对 SEC 一次直接的警告，通过改变公开发行与私募市场的界限来给予私募市场更多的空间。但 SEC 长期以来都是以"投资者的拥护者"自居，为了赢得相当规模的个人投资者队伍（也就是选民）的青睐，保障公开发行市场的任务对 SEC 来说是生死攸关的。该部门的政治基础不得不影响其对公开发行市场的监管力度。如果公开发行市场不再存在，那么国会继续资助该部门也就无利可图。

同时，从另一个角度来说，《JOBS 法案》也远远达不到革命性的程度。国会虽然提高了《交易法》限制下跃身为公众公司的投资者数量标准，但并没有动摇公私间需要由一个数量标准来划分的本质。《JOBS 法案》仅仅反映了 SEC 与国会间对于公私界限划分在哪里的这一政策上的分歧，却没有触及证券市场基本的监管结构。

（二）IPO 的推进

《JOBS 法案》的另一关键性目标是加速启动 IPO 市场。该法案通过授权发行人在提交登记声明之前针对机构买家与合格投资者进行"市场测试"（test the waters）。公司可以去评估自己的股票是否存在市场需求，以此来使它们在市场兴趣缺失的情况下避免白白支出登记费用。除此之外，该法案还允许证券分析师在股票发行过程中为新股发行人发布调查报告，以此来促进发行股票的市场需求。

再者，《JOBS 法案》还通过减轻新公众公司的会计费用负担，将 IPO 所要求的经审计的财务报表年数减少到只需两年，来鼓励公司进行 IPO。而 IPO 过后的上市公司也不再适用《萨班斯—奥克斯利法案》（the Sarbanes-Oxley Act）的 404 条款，因为该条款要求审计师对这些公司的内部控制进行评估，评估期限长达 5 年。然而，虽然当公司年收入超过 10 亿时仍然要适用该条款，但至少在公司转为公众公司后的短期内仍然可以大大减少审计费用的支出。

（三）公众公司的新手？

由于一般公司仍然不愿意面对成为完全公众公司地位所要承受的负担，国会授予了 SEC 一项新的权限，使其能够免除股票发行的一般登记要求，这种能够被免除登记的发行数额从原来的 500 万美元提高到了 5 000 万美元。与此同时，国会还许可 SEC 能够对那些被免除登记的发行人采取宽松的定期披露要求。进一步地，国会还规定根据此项豁免而发售的证券并不受限制，换句话说，这些证券能够被自由地转售给个人投资者。

这项新的豁免规则具有改变游戏规则的潜力，它创造出了一批潜在的低层次的公众公司，因此它可以模糊公与私的界限。然而我们很容易就能意识到，SEC 在落实这项豁免时会拖后腿，这使得这一公众公司孵化池的创造仅仅成为一种可能性。很显然，SEC 近期内不会有任何动作。该部门至今仍然在为 2010 年通过的《多德—弗兰克法案》（Dodd-Frank Act）所积压下来的相应规章制定工作而努力。而在 2012 大选过后，在国会的聚光灯下或许没那么耀眼，但 SEC 可能感觉到它有更多的自由去落实这些实质性的要求以及颁布这一项豁免规则。SEC 也有可能将《JOBS 法案》规定的发行豁免规则扼杀在摇篮里。

五、IPO 的废除

公与私的划分基础已经被动摇了。根据《JOBS 法案》的规定，尽管国会将《证券法》（消除了私募不得进行大范围募集资金的规定）与《交易法》（提高了成为公众公司的股东数量下限）中公开的认定标准都向后推了一把，但该法案依然无法解决 IPO 市场效率低下的根本性问题。

在这一问题上，我主张用其他方式替代作为公私过渡却效率低下的 IPO 交易。我所设想的方案是基于以下两个核心前提：
（1）IPO 是一种低效的资本形成方式；（2）如果对私募市场的限制能够被放宽，让它继续扩张其流动性，那么它就能够满足成长中公司的资本需求，直到其能够负担起作为一家公众公司的责任义务。

根据我的设想，公司能够按照规定在私募与公开市场之间周旋。当一家公司达到某一量化指标时，即能获取晋升进入公共市场的资格。一旦一家公司选择转为公众公司，那么它必须在其属于公众公司的存续期间内，履行《交易法》要求的定期披露义务。接下来，我将详细解释这个过程是如何运作的。

（一）私募市场

那些未达到量化指标的发行人进入一级与二级市场时都要受到限制。他们的证券只能以私募的方式发售给合格投资者。与我们目前的做法完全不同的是，这些证券在最低持有期限过后也无法被自由转售，而是进一步地要求发行公司去限制这些合格投资者对股份的对外转让直到公司成为公众公司。然而，这些证券仍然可以在这些投资者之间自由转让。

（同时）我希望通过诸如 SecondMarket、SharePost 一类的市场组织私募交易。这些私募市场在对发行公司股票进行交易之前必须得到这些公司的同意，相当于一种"准上市"的形式。而只有经认可的合格投资者才能够参与这些交易。这些私募交易市场有责任对潜在投资者进行甄别，以确保他们符合 SEC 的资格要求。这些符合条件的合格投资者应当包括共同基金（mutual funds，也称证券投资信托基金），因此个人投资者也可以有机会来接触私募市场，尽管他们只能通过一个由经理人所管理的多元化的投资工具进入私募市场。

私募市场的信息披露是一个具有挑战性的问题。它可能因为要求像公众公司那样披露而使市场目标落空。不过从另一个角度来说，一些标准化的信息披露义务会使投资者和发行公司双方都受益。而且，如今非公开发行的规模增加了投资者集体行动问题的产生，使得他们很难与发行人就合同各方的声明与保证进行谈判。我们根本无法想象如果没有诸如经审计的财务报告等（基本信息），交易将如何进行下去。然而，除此之外，我们将要面临的是一系列实质性难题。要解决这样的问题，我们可以让私募市场根据他们的上市协议制定披露要求，并要求这些上市协议需要经过 SEC 的批准。这样的安排能够使市场在给予 SEC 权限以确保披露标准不至于太低的同时，又能够保证市场一定的灵活性与反应能力。

（二）公开市场

在我的设想中，是否升入公开市场是公司的自主性选择。如果发行公司还没有准备好去承担作为一家公众公司的责任义务，那么它就可以将其股份的转让限制在私募市场。而当公司认为私募市场完全能够满足其资本需求时，它也完全可以留在私募市场。

公司升入公开市场应当基于他们普通股本的价值。这样一个基准指标可以是 7 500 万美元市值，这也是目前 SEC 所使用的一体化"储架"注册（shelf registration，也叫暂搁注册）的基准。如果一家公司想要进入公开市场，首先它需要向 SEC 提交年度报表。然后在成熟期内，它将继续在私募市场进行交易，并向 SEC 提交所要求的季度报表。而在私募市场的这些价格将会通过 SEC 的强制披露而公开。在成熟期过后，经认可的合格投资者将能够在公开市场上抛售他们的股份。不管是对于那些从公司直接买入股份的投资者还是在私募市场中买入的投资者都能够有这样的机会。这样的公开市场可以是交易所（如果公司选择在其中上市），也可以是场外交易市场（over-the-counter market）。不管在哪里，该股票在公开市场的交易价格将通过之前的私募交易提供，同时也将通过公司的年度与季度报表发布最新的信息。

在公开交易之前，针对成熟期内在私募市场上的交易，有一些问题有待我们去考虑。在成熟期内禁止公司进行任何交易是不现实的。正因为公司在进行从私到公的转型，所以资本需求是不会消失的。实际上，也正是对资本的需求促使公司急于愿意去承担作为公众公司的责任义务。由此便会产生公司在成熟期内利用投行或者对冲基金（hedge funds）等其他中介作为导管进行交易的风险。但这样的策略事实上是被限制的，因为在成熟期内中介机构只能将股份转售给其他经许可的合格投资者，由此也就限制了将股份抛售给个人投资者的机会。不仅如此，除非公司面临十分迫切的资本需求，否则它不太可能让其股票遭受太多的流动性折价，因为成熟期一过它的这些股票就能够被自由地买卖。不过，在成熟期过后的一段期限内对于交易量进行一定的限制或许是有必要的，这样能够帮助在转型过程中逐步发展其交易市场。如果在成熟期之后马上出现股票的大量抛售，将极有可能再次产生目前 IPO 市场下所产生的低效定价与非理性投机。

只有当公司发展到能在二级公开市场上买卖其股份时，公司才应当被允许向公众投资者公开发售其证券。那么发行人应当对上市股权采用何种买卖方式呢？因为我设想的方案所偏好的是市场内较高程度的信息效率，所以我建议发行人将股权发售限定于市价发行（at-the-market offering）。发行人应当直接进入公开交易市场进行发售，而不是依赖一个承销商去识别需求。这种方式使得公司基于市场本身来实现高效定价，而非基于这些"推销员"。

遗憾的是，这一方式也有它的局限性。虽然市价发行在增发新股中所占比例越来越高，但其交易量比起传统的簿记发行依旧显得相形见绌。尤其是对于较大规模的发行，二级交易市场的流动性尚不足以吸收新股。不过，实际上即使是簿记发行也会受到市场价格的实质性约束。那我们是否能够推动发行人自发地进行市价发行而不是强制他们呢？

我们可以通过消除《证券法》对市价发行的严格责任标准，只将其保留在承销发行中来解决。至少让发行人雇来进行市价发行的经纪交易商承担承销商责任是没有必要的。如果大量的数额需要被"卖出，而不是买入"，那么滥用的机会只存在于卖出的过程，而市价发行并不是"卖出"（sold）。SEC 需要做的是加大执法力度以确保没有"走后门销售"（backdoor selling）的情形存在，以便为市价发行的市场形成做准备。而即使是针对发行人，《证券法》所规定的关于市价发行的严格责任也显得过于严厉了一些。如果真正的市价发行是指在没有询价之前就向一个已存在的市场发行股票，则并不需要一份注册登记声明或招股说明书，其最多仅需要向 SEC 提交一份报表来宣布其所发行的股份数额，以及另外一份报表来披露其实际发售的数额。我们可以通过《交易法》中相对不那么严厉的规则来解决欺诈问题。

（三）降级

如果说有私人公司想要升级到公众公司的地位，那么也就会存在公众公司急于摆脱公众公司地位的情形。双层市场体系的一个重要好处就在于，如果一家公司想要降级到私募市场，那么个人投资者的流动性就不会被完全切断。即使他们被禁止买入那些降级到私募市场的公司股票，我们也完全没有理由禁止他们在私募市场里卖出他们手中的这些股票。不仅如此，阻止一家公司退出公开市场也是无利可图的，如果去限制它，将会打消它们成为公众公司的积极性。当然，另一方面，如果退出太过容易也会招致滥用。

为了审查是否存在人为操纵，我认为可以在公众公司被准许降级为私人公司之前，强制公司进行股东投票，并提供通常所要求的信息披露。这样的投票不是为了让变为公众公司后苦苦挣扎的公司一再陷入困境，而是为了要求公司去说服股东，如果公司继续维持公众公司的地位将得不偿失。

（四）反对

私募市场被扩大后是否会招致欺诈与操纵呢？简单来说，只要人是拜金的，那么欺诈将永远伴随着我们。尽管人类有着这样贪婪的本性，但我们应当尽可能地将交易汇集到那些能够使欺诈者无处可逃的交易场所以及能够提供严格反欺诈审查的交易市场中去。的确，这里所说的私募市场比公开市场发生欺诈与操纵的概率要高。但是欺诈的范围也会因为私募市场比公开市场相对较小的规模而受到必要的限制。不仅如此，竞争会激励那些在私募市场资助交易的投资实体衡量成本效益来减少欺诈，欺诈的减少也就会促进投资者的参与。而 SEC 的执法应当继续针对那些最臭名昭彰的滥用。

我们应当就对私募市场的滥用潜力以及减少其他地方的欺诈进行权衡。尤其是在我所设想的成熟期要求下，将会大大减少进入公开市场的公司进行欺诈的机会。因此从总体来说，欺诈的整体发生率是减少的。而且对那些最没有能力承受这些欺诈的个人投资者来说，能够最大限度地避免欺诈。与此同时，资本形成将资本高效地配置到成本合理的项目上去，将会被加强。

六、结语

IPO显而易见的弊端表明，如果我们能够建立一种可行的替代机制，我们就应当终结IPO制度。在我看来，时至今日，对私募市场的限制阻碍了这一可行机制的出现。特别是当公司达到500个持股人上限时，像SecondMarket与SharesPost这样的私募市场面对公司转为公众公司地位就无计可施了。而《JOBS法案》通过将公众公司持股人的下限提高到2 000来支撑私募市场的流动性，正努力使其成为一个成长中公司的有利选择。

这一新的可获得的流动性是我所主张的用双层市场体系来替代IPO的论证关键。在我设想的体系之下，选择转向公开市场的发行人需要在一段合理的成熟期内向SEC进行定期的信息披露，这将取代IPO作为变成公众公司的过渡方式。只有在成熟期过后，发行人才能被准许向广大公众发售股份。在这样一种机制下，二级市场在对公众开放交易之前，能够对一个致力于成为公众公司的公司进行充分的披露，从而使投资者在信息充分的基础上达成价格共识。这样一个规制框架对于促进资本形成与削减投机来说的确还有很长的一段路要走。但伴随其产生的一项令人高兴的成果是对那些投资新手产生更加有力的保护。是否有人会认为如果我们废除IPO后会对个人投资者造成损害呢？

随着《JOBS法案》的通过，《证券法》对公私公司的划分产生了变化。SEC是会企图抵制这样的变化还是会欢迎这样的变化，从而进一步促进更优的资本形成呢？我所设想的方案不仅能够帮助SEC促进资本形成，而且能够让其继续保护投资者的利益。综上所述，本文所勾勒出的公私双重市场体系在利用私募市场促进公共利益的同时也能够消除 IPO 所带来的公共损害。

延伸阅读

Jay R. Ritter and Ivo Welch, 2002, "A Review of IPO Activity, Pricing, and Allocations", *Journal of Finance*, Vol. 57, No 4.

William Vickrey, 1961, "Counterspeculation, Auctions, and Competitive Sealed Tenders", *Journal of Finance*, Vol. 16, No. 1.

Richard Teitelbaum, 2011, "Facebook Drives Second Market Broking $1 Billion Private Shares", *Bloomberg Markets Magazine*, April 27.

Roger G. Ibbotson and Jeffrey F. Jaffe, 1975, " 'Hot Issue' Markets", *Journal of Finance*, Vol. 30, No. 4.

JonathanA. Shayne and Larry D. Soderquist, 1995, "Inefficiency in the Market for Initial Public Offerings", *Vanderbilt Law Review*, Vol. 48.

Judith S. Ruud, 1993, "Underwriter Price Support and the IPO Underpricing Puzzle", *Journal of Financial Economics*, Vol. 34, No. 2.

解除本地通话管制之后会怎样？

杰弗里·A. 艾森纳克　凯文·W. 凯夫斯

经过半个多世纪对零售电话费率的垄断和公用事业的管制，20 世纪 80 年代早期，美国开始走上监管自由化的道路。长途通话服务以及之后的本地通话服务的垄断已经解除，允许新进入者通过降价和提供新的更好的服务来竞争客户。随着竞争的加剧，价格管制已经逐渐被解除，新加入企业和原企业通过激烈的竞争来争取客户。有力的证据表明，去垄断化和解除价格管制的结合已经给消费者带来了实质的利益。

自由化开始大约 20 年后，这个过程已接近完成。长途通话服务的联邦价格管制已经成了遥远的回忆，州管理的本地通话服务价格管制在大多数地区已经解除了。但还有两个例外：第一，大部分的农村运营商通常面对的竞争没有那些在市区提供服务的运营商激烈，他们还保持着回报率管制或者价格上限管制。第二，大部分的州还继续在"基础"服务上采用价格管制，例如一个能够接到任何一处通话的本地接入线路以及在本地区内可以无限通话的线路（但是不包括长途通话服务和像语音信箱或者呼叫转移那样的"高级"服务）。但是从 2006 年开始有 12 个州对至少

杰弗里·A. 艾森纳克（Jeffrey A. Eisenach），Navigant Economics 常务董事，同时也是美国企业研究所访问学者；凯文·W. 凯夫斯（Kevin W. Caves），Navigant Economics 董事。

译者王美娜，上海金融与法律研究院研究助理。

某些地区的某些运营商解除了基础服务的价格管制。

放开基础通话服务的价格管制有什么影响？支持继续实行价格管制的人们认为现有的电信公司——即使是在竞争激烈的城市地区——仍旧对基础服务拥有市场支配力，在这个基础上，他们主张应该适当延续价格管制。他们声称，尽管各州对低收入消费者的电话服务补贴持续可用，但是解除价格管制将会导致费率的实质性增长，使得即使是一个基础电话线路都变得负担不起，或者导致产生过多的费率。另一方面，自由化的拥护者主张解除价格管制将会降低市场准入门槛，加强竞争，促进投资和创新并且最终带来更低的成本和价格。

只是在某些州解除价格管制构成了一个天然实验，能够被用于评估政策变化的实际效应。在这篇文章中我们就是要做到这一点。我们得出这样的结论，就费率和使用而言，在解除了管制的州的消费者至少和管制的州的消费者处境一样好。

一、自由化和通信价格

通话服务监管自由化发生在两个主要阶段，两者都和一个主要行业的去垄断化相关。第一，AT&T的解体和其对长途通话服务垄断的结束导致了长途通话服务价格管制的解除。第二，经过一些州的努力建立的《1996年电信法案》（the Telecommunications Act of 1996）结束了当地服务的法定垄断。接踵而至的竞争促使州公共事业委员会（在不同速度和不同程度上）就各种当地服务解除了价格管制，又一次反映了竞争的加剧。人们普遍赞同自由化带来了更低的价格、更好的表现以及消费者的本质利益。

（一）AT&T 解体

1969 年联邦通讯委员会正式批准建立微波通讯公司（后来被称为 MCI）的提议，通过以微波在圣路易斯和芝加哥之间提供专门的长途服务来与 AT&T 竞争，20 世纪 70 年代长途通话业务之间的竞争就开始了。在接下来的几年里，AT&T 与更进一步扩大的竞争进行着激烈的抗争，有时明显是得到了联邦通讯委员会的支持。最终，为了将竞争完全引入市场，它收到美国司法部的一个反托拉斯诉讼，于是产生了著名的 1982 年《最终判决修正法》（1982 Modified Final Judgment），导致了 AT&T 在 1984 年解体为 1 个长途通话服务公司和 7 个地方性贝尔运营公司（RBOCs）。

对长途通话业务的管制没有因为 AT&T 的解体而结束。1995 年之前，联邦通讯委员会一直对 AT&T 的长途通话价格进行管制，地方性贝尔运营公司直到 1999 年才被允许在各州提供长途服务。对于价格自由化是否应该开始得更早，地方性贝尔运营公司进入长途业务是否应该尽可能地延迟这两个问题，学术界有很大的分歧。但是对于自由化之后长途通话价格已经大幅度下降这一问题却没有分歧。由图 1 所示，1984 年到 2006 年间长途通话服务价格下降了 70% 多。

（二）《1996 年电信法案》

长途通话服务自由化的成功直接导致了一些州开始尝试开放当地市场。这些尝试反过来又引出了《1996 年电信法案》，这个法案由时任总统比尔·克林顿于 2 月签署成为正式法律，同年早些时候已经由国会两院两党多数成员通过。这个法案消除了之前由地方性贝尔运营公司以及其他本地传统电话公司（ILECs）形成的地方通话服务法定垄断，为本地竞争性电话公司（CLECs）、

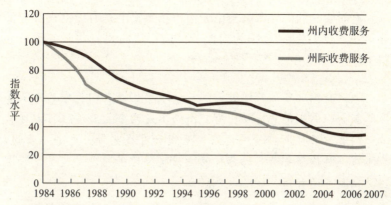

资料来源：Federal Communications Commission，2008，Reference Book of Rates，Price Indices，and Expenditures for Telephone Service.

图1　消费者长途服务价格指数（已对通胀进行调整）

有线电视公司以及其他各种竞争者的竞争打开了市场。为了鼓励地方性贝尔运营公司打开地方市场，法案允许它们进入有利可图的长途通话市场，不过前提是它们完成了一份"14个项目的清单"，由此表明它们开放了自己的地方市场以投入竞争。

联邦通讯委员会执行法案的过程备受争议，但最后的结果没有引起争议：今天的市场比法案刚通过时的竞争性加强了。事实上，全国各地的州监管机构得出了这样的结论，有线电视公司、无线通讯公司、本地竞争性电话公司和互联网"网络电话"运营商之间的竞争有效地影响了大部分地区大部分产品的价格。例如，2006年纽约州公共服务委员会发现：

> 现在，使用自己几十年前建设的基础设施来提供视频服务的有线电视运营商也在提供电话和互联网服务。很多公司也在提供以互联网为基础的电话服务，这使得消费者能够以非常低的价格或者免费与世界各地通话。这些服务对消费者来说通常更便宜并且包括增值创新，从来电显示到在任何互联网连接下使用个人家庭电话的能力。无线网络也发展了，一些消费者已经使用手机和其他无线通讯设备来取代他们传统的固网语音业务。简言之，电话服务的供应已经不再是一个自然垄断了。

有时管制的倡导者会争论通信市场事实上是有线电视和电话公司的"双头垄断"，作为对此的回应，纽约州公共服务委员会得出结论：

> 我们也不认为通过关注电话市场已经或即将成为双头垄断会限制我们的行动。有三个而不是两个主要途径可以连接到客户的住所：传统电线、无线和有线宽带。更进一步说，每一种途径都有各种各样的电话服务运营商，尤其是宽带电话服务运营商。

同年晚些时候，加州公共事业委员会几乎是逐字逐句重复了纽约州的发现。在商议解除对几乎所有电话服务的公用事业管制过程中（除了紧急呼叫和其他由州通用服务基金支持的服务），委员会解决了争议，仅仅因为两种服务不完全相同，所以他们不可能是竞争对手。相反地，委员会发现：

> 为了提供一个竞争性的替代品，服务不需要完全一样。例如，我们看到圆珠笔、钢笔、水笔和铅笔都是现在市场上的书写工具。但是没有一支钢笔或铅笔是对方的完全替代品，它们常在一个消费者对某一书写工具的需求上竞争。相似地，固定电话、无线电话和网络电话都在消费者对语音通信的需求上竞争。

加州公共事业委员会也直接解决和驳回了自由化的反对者提出的问题：竞争在某种程度上会影响到每一个人，除了那些低收入者。根据公共事业委员会的说法：

> 我们还没有找到令人信服的理由来进一步细分市场用户的特点，如收入或者使用特性（例如商业或住宅用途，或使用水平）。特别地，没有有力的证据表明低收入消费者的使用模式和其他消费者的使用模式足够不同，以至于可以被认为是一个独立的市场，或者说低收入消费者不会从语音通信市场的竞争中获利。

解除本地通话管制之后会怎样？　■

　　其他州也得出了类似的结论。例如，2007年弗吉尼亚州公司委员会解除了几乎所有电话服务的价格管制，包括这个州绝大多数的基础费率。弗吉尼亚州委员会专门针对无线服务的作用规定："当无线不能够完美地代替威瑞森（Verizon）的固话服务时……一个竞争者不一定需要能完美地替代威瑞森的固话服务，由此来充当威瑞森本地电话服务的价格调节者。"因此，委员会发现"将威瑞森的无线竞争纳入其可行的地域市场领域是合理的"。

　　在诸如这样一些发现的基础上，大部分的州已经断定，现有的电话公司至少在市区面临着充分的竞争以保证对几乎所有类型的电话服务放松或者取消现有价格管制（电话公司竞争对手如有线电视公司和无线电话公司收取的价格从未受到价格管制）。许多州已经完全解除了捆绑服务的价格管制（定义为包含了例如本地服务、长途服务和来电显示那样的可选择服务的服务包），并且以本地基础交换电话服务（BLETS）价格为上限，为自由购买可选择服务创造了便利。但是从2006年开始，一些州决定放开所有的通话价格，包括本地基础交换电话服务。因此，尽管一些州比其他州提前做了很多努力，但是在本地电话服务上已经形成了一个增进价格自由化趋势的更清晰和前进的过程。

　　批评家们反驳说，现有的电话公司依旧有垄断实力，并且预测放松或者解除价格管制将会导致价格的大幅度增长。而证据却表明了另一个方面。通话价格指数趋势显示，州管理者对竞争会降低通话服务的价格的判断是正确的。当然，通话服务的价格，包括无线服务（无线服务从没有受价格管制的影响）和固话服务实际上从20世纪90年代中期开始就一直在下降。相对于收入而言，通话价格也在下降，尽管通话服务支出作为总消费支出的一部分一直保持稳定。

　　例如，从20世纪90年代后期开始，美国劳工统计局发布了一个通话服务的综合物价指数（包括固定电话和无线电话）。图2对劳工统计局通话服务价格指数逐年的变化和消费者价格指数每年的增长进行了比较。事实上通话价格指数自有数据以来13年内有6年在下降，并且除了2009年，每年的增长低于总消费者价格指数的增长。2011年，自有数据以来最近的一个完整年度，消费者价格指数增长了3.2%，通话价格指数下降了1.1%。

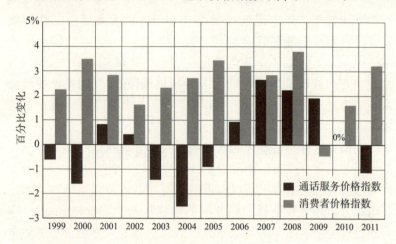

资料来源：U. S. Bureau of Labor Statistics.

图2 年度通话服务价格指数与消费者价格指数变化之比（1999—2011年）

图3是劳工统计局自1997年12月到2012年4月以月度为基础的数据，显示了相对于消费者价格指数来说，通话价格指数通常持续在下降。截至2012年4月，自《1996年电信法案》通过以来真实的通话价格已经下降了近30%。

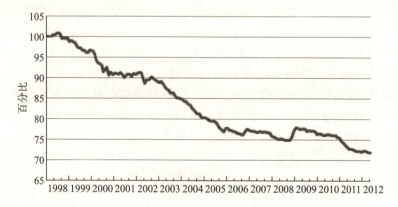

资料来源：U. S. Bureau of Labor Statistics.

图3 通话服务价格指数占消费者价格指数的比例

（1997年12月—2012年4月）

最近，劳工统计局开始出版一些明确区分固定电话服务、无线电话服务和网络服务的指南。虽然这些修订的通讯价格指数所跨越的时期较短，但是数据却与观察到的传统的劳工统计局通话价格指数模式是一致的。正如图4所示，相较于CPI，所有三种服务的价格都在下降。

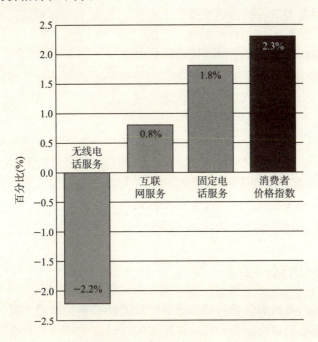

资料来源：U. S. Bureau of Labor Statistics.

图4 通讯价格指数与消费者价格指数变化
（年化比率，2010年1月—2012年4月）

已经对自由化的影响做过研究的各州公共事业委员会得出了相似的结论。例如，佛罗里达州公共服务委员会跟踪了2009年立法允许弹性费率之后费率的变化发现，即使是许多年没有跟上通货膨胀的基础费率，这些州当前的运营商费率增长都没有超过2％，于是该委员会得出以下结论："这些费率增长和定价法则对总的通话服务支付能力的影响微乎其微。"类似地，2010年当基础通话服务费率名义上增长了的时候，加利福尼亚州的公共事业委员会公布："2009年和2010年批准的费率比加利福尼亚州公共事业委员会之前批准的费率低或者相同。"当然，委员会 2010 年底的一个调查发现，加利福尼亚州的消费者关心通话服务支付能力的最主要原因是"费用、税收和额外费用"，这涉及 54％的受访者——是对本地通话费表示关注的人数的 2 倍。

同样值得一提的是，通话价格相对于家庭收入来说已经下降了，但是消费者的通话服务支出份额（包括无线和固话）却保持稳定。根据人口调查局的报告，自 1998 年以来，劳工统计局通话价格指数相对于家庭收入中位数下降了大约 20％。另外，根据劳工统计局报告，通话服务支出——包括固话技术和无线电话技术——自 1996 年以来作为总消费支出的一部分一直保持稳定，在 2.2％和 2.4％之间变动。

总的来说，预测解除价格管制之后价格会增长并不只是无事实根据，而且是完全错误的。就像 2008 年联邦通讯委员会得出的共识："竞争使得通话服务的价格变得非常低，引进创新的宽带产品和服务从根本上改变了我们沟通、工作的方式以及获得教育、消息和娱乐的方式。"

二、自由化和使用

虽然撤销通信管制显然没有导致通话价格的全面上涨，但是基础费率价格自由化的反对者反驳说，结束价格管制将会导致产生更高的本地基础交换电话服务价格，从而使一些消费者不能承担基础服务的价格，因此导致更低的利用率。正如我们下面将解释的，我们进行回归分析显示，本地基础交换电话服务价格自由化并没有导致更高的费率。但是在对这个分析作出报告之前，我们首先讨论本地基础交换电话服务价格管制的现状，接着提供一些比较统计数据，说明自由化没有导致利用率降低。

（一）价格管制自由化

我们将各州对本地基础交换电话服务价格的监管方式分为三种合理的、定义明确的类别：回报率监管、价格上限监管、自由化（即没有价格管制）。

　　有些州尽管给予个人服务的价格弹性程度有变化，但当前的运营商依旧受回报率监管约束。例如，亚利桑那州的 Qwest/CenturyLink 公司就受到回报率监管的影响，允许在非基础服务上进行部分灵活定价，但是本地基础交换电话服务不行。在其他州，例如阿拉斯加州和蒙大拿州，回报率监管还加上了对一系列的服务进行实质性的灵活定价，包括本地基础交换服务。但是，即使是源自"弹性价格"服务的收入仍旧不利于一个运营商认可的回报率。例如，2009 年蒙大拿州的 Qwest 公司在下决心要获得超额回报之后发现自己不得不大幅度降低商务和住宅用户的费率。其他回报率辖区的灵活性依旧很低。在夏威夷，非基础服务的费率甚至都缺少向上定价的灵活性并且很少出现全价的情况。在华盛顿州，前沿通信（Frontier Communications）公司也受到类似的管制。

　　不断增长的一系列辖区已经以价格上限监管取代了传统的回报率监管。在价格上限监管制度下，允许当前运营商在监管者指定的限度内调整费率，收入和利润不再受到监管。价格上限监管为传统运营商有效经营提供了额外的激励，因为他们参与到了成本节省（无效率）的上升空间（下行空间）中。

　　在价格上限监管下，有时候费率与总通胀指数相关，通常是GDP 平减指数。或者说，费率调整可能局限于一个由监管者决定的固定的百分比或者额度。本地基础交换服务应该比能被授予更广泛的价格灵活性或者完全自由化的非基础服务或竞争性服务产品受到更严格的价格上限管制。例如，北卡罗来纳州传统的价格上限计划将 AT&T 的本地基础交换电话服务费率直接与 GDP 平减指数挂钩，同时所有其他服务的费率是自由化的。在内布拉斯加州和犹他州，在没有任何明确约束的情况下，传统运营商提高了所有零售服务的价格灵活性。但是，因为每个州的监管者能够审查费率调整，所以价格并没有完全自由化。在内布拉斯加州，监管者可能会自己开始进行审查，或者地方税纳税人可能会请求监管者这么做。在犹他州，价格调整是按照"公正和合理"的标准进行审查的。

　　通过立法渠道。例如，2005 年《阿拉巴马州通信改革法案》（Alabama Communications Reform Act of 2005）解除了阿拉巴马州公共服务委员会对通信服务的管辖权或者行政管理。例如，2006年在其统一规章制度决定中，加利福尼亚州公共事业委员会为大中型的本地传统交换经营商建立了自由化框架，包括对本地基础交换电话服务解除价格管制的分阶段转型，许多州已经决定对所有本地通话费率完全解除价格管制，包括本地基础交换电话服务。

在许多案例中，自由化是在一个持续价格管制阶段之后分阶段进行的。例如，芝加哥的AT&T目前在一个临时的价格上限控制之下，这种限制将会在2013年结束，接着就会施行对所有零售业务的完全价格弹性。类似地，根据2007年的规定，直到2012年12月31日，弗吉尼亚州本地基础交换电话服务的价格都会受价格上限控制，这之后费率将会自由化（监管者考虑将价格上限控制延伸两年，到2014年）。

即使是在自由化的司法管辖区，某些传统公司例如小型农村运营商依旧受价格管制。此外，在一些已经取消价格上限的自由化辖区，有些服务的费率依旧受价格下限管制。例如，在罗德岛州监管威瑞森的备用调度方案明确规定，允许所有受监管的零售服务的费率和费用根据市场情况上升或下降。但是，这个方案也明确说明任何拟议的零售费率的减少必须保证这些减少的费率不少于这类服务或者产品的长期增量成本（LRIC）。

（二）使用率

如果自由化让通话服务变得更加难以负担，我们希望在放开价格管制的州相较于那些没有放开的能够得到不同的响应。我们在调查了固网磨损率、低收入通话补贴计划参与率和无线通话技术替代率之后得出结论，这些都没有受到撤销管制规定的影响。

首先，如果自由化使得通话服务更难以负担，那么放开价格管制的州将会经历本地传统交换运营商有线渗透率的大幅度下降（如果只有本地传统交换运营商的价格上升）或者总体有线渗透率都会下降（如果所有的有线费率都上升了）。这个假设可以凭经验验证，使用联邦通讯委员会的州级固定样本数据，这些数据报告了自2005年到2010年在统一基础上，本地传统交换运营商和本地竞争性交换运营商服务的住宅终端用户交换接入线路的数目。为了获得一定程度的有线渗透率，我们将这些数据表示成一个给定的州人口的一部分来获得有线渗透率的州级评估。图 5 显示了自 2005 年到 2010 年本地传统交换运营商州级有线渗透率的趋势，将我们样本中的州按照它们在这段时期末的管理制度进行分组。

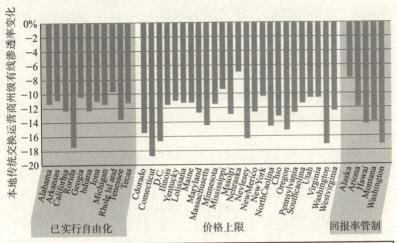

	所有辖区的平均水平	已实现自由化的辖区的平均水平	设置价格上限的辖区的平均水平	回报率管制的辖区的平均水平
本地传统交换运营商有线的渗透率,2005 年	32.2%	30.8%	32.9%	31.8%
本地传统交换运营商有线的渗透率,2010 年	19.6%	18.8%	20.1%	18.7%
渗透率的变化,2005—2010 年	—12.6%	—12.0%	—12.8%	—13.0%

注：我们的分析基于联邦通讯委员会自 2007 年收集的 40 个州的零售价格。

图 5   2005—2010 年本地传统交换运营商州级有线渗透率的趋势

在我们的州样本中，不管监管环境如何，观察到的水平和本地传统交换运营商住宅有线渗透率的变化惊人地相似。平均来看，本地传统交换运营商有线渗透率从 32.2% 下降到了 19.6%，与在自由化、价格上限和回报率辖区内观察到的基本模式相同。尽管各州有所不同，但是却没有迹象表明自由化或者说价格灵活性辖区内渗透率的下降比采取更严厉的价格管制的地区更高或更低。一个简单的统计测试证明，本地传统交换运营商渗透率在这三组中同等下降。

　　总体有线渗透率的数据是指一个州的人口中本地传统交换运营商和本地竞争性交换运营商住宅接入线路（包括电缆）的比例，这个数据得出了类似的结论。如图 6 所示，不考虑通信政策环境，2005 年到 2010 年平均有线渗透率从大约 36％到 37％下降到大约 21％。如前所述，尽管这段时间所有的州都经历了总体渗透率的大幅度下降，也没有证据表明价格自由化辖区比价格管制严厉的辖区下降得更多。平均来看，价格上限管制区下降曲线略微陡峭，但是整个政策环境的差异很小并且统计上不显著。

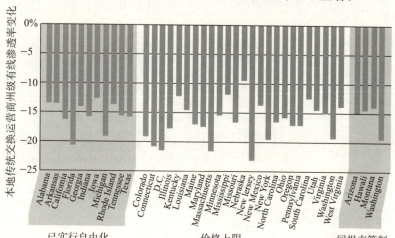

	所有辖区的平均水平	已实现自由化的辖区的平均水平	设置价格上限的辖区的平均水平	回报率管制的辖区的平均水平
本地传统交换运营商有线＋竞争本地交换运营商有线的总渗透率，2005 年	37.4％	36.4％	37.9％	36.4％
本地传统交换运营商有线＋竞争本地交换运营商有线的总渗透率，2010 年	21.3％	21.0％	21.5％	20.8％
渗透率的变化，2005—2010 年	－16.1％	－15.4％	－16.4％	－15.6％

　　注：由于本地竞争性交换运营商渗透率数据缺乏，阿拉斯加州被删去。

图 6　2005—2010 年总体有线渗透率
（包括本地传统交换运营商和本地竞争性交换运营商）趋势

支付能力也能够通过检测为低收入消费者提供低成本通话服务的补贴计划参与率来评估。如果自由化经济上导致费率显著上升，消费者把本地基础有线服务看做"必需品"，那么人们就会希望去观测消费者对补贴替代品的使用，这被称做"生命线"计划。在所有其他条件相同的情况下，解除了本地基础交换电话服务的州的参与率可能会大幅提高。这个假设可以凭经验解释，使用生命线渗透率的州级数据来源于联邦通讯委员会的一般业务监测报告。

图 7 表示的是 2000 年到 2009 年样本中州生命线渗透率的程度和变化。平均来看，自由化的管制区开始于生命线渗透率大约在 1.9％的十年中，到 2009 年增长了 1％。相比之下，在回报率辖区生命线渗透率增长了 2.5％，尽管整体监管环境差异在统计

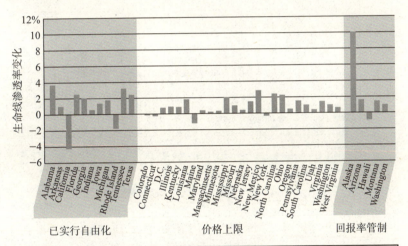

	所有辖区的平均水平	已实现自由化的辖区的平均水平	设置价格上限的辖区的平均水平	回报率管制的辖区的平均水平
生命线的渗透率，2000 年	1.4％	1.9％	1.2％	1.0％
生命线的渗透率，2009 年	2.4％	2.9％	2.0％	3.5％
渗透率的变化，2005—2009 年	1.1％	1.0％	0.8％	2.5％

图 7　2000—2009 年生命线渗透率趋势

上并不显著。因此，对于自由化导致人们对电话服务补贴的依赖性增加这一假设并没有得到生命线渗透率观测到的模式的支持。

　　一个经济上的重要费率增长将可能加速诸如无线电话技术的竞争性替代物的替代率。检验这个假说可以使用来自一个特定地理区域的家庭或个人的州级比例数据，这个地区已经完全放弃了固网电话技术，选择专门依赖无线语音服务。几年时间里疾病控制中心对仅使用无线服务的家庭和个人进行了调查，最近披露了一组地理分项数据，时间跨度从2007年到2010年。

　　图8显示了我们样本中的州的无线替代率的水平和变化（定义为生活在仅使用无线服务的家庭中18岁及18岁以上的成人的比例）。从2007年到2010年，平均无线替代率从大约15%增

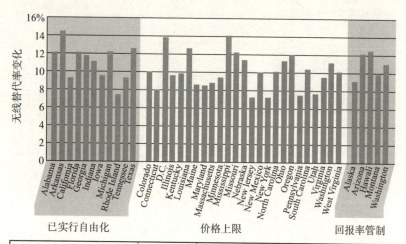

	所有辖区的平均水平	已实现自由化的辖区的平均水平	设置价格上限的辖区的平均水平	回报率管制的辖区的平均水平
无线替代率，2007年	14.1%	15.2%	13.9%	12.4%
无线替代率，2009年7月—2010年6月	24.5%	26.3%	24.0%	23.4%
替代率的变化，2007—2009年，2010年	10.5%	11.1%	10.1%	11.0%

图8　2007—2010年无线替代率趋势

长到大约 25%，不考虑通信政策环境。平均来看，观测到的增长率在自由化辖区（11.1%）和回报率辖区（11%）几乎一模一样。尽管在价格上限辖区增长率稍微低一些（10.1%），但是监管环境在统计上仍旧没有显著差异。

总之，不管需求是否根据固网磨损率、低收入通话补贴计划参与率或者无线通话技术替代率来衡量，数据无法表明放松或者解除价格管制导致不同辖区的通话服务需求得到不同程度的回应。鉴于那些数量是价格的作用（反之亦然），这个数据并没有支持基础通话率自由化，使得本地基础交换通话服务变得更难以负担这一假设。

三、自由化和基础服务

除了上面的比较，我们就计量经济学分析结果做了报告。该报告是在 2006 年初 12 个州解除管制所形成的天然实验的基础上，对本地基础交换电话服务价格管制的影响作出的分析。

我们的分析基于两个丰富的数据集。第一，在 20 多年的时间里，联邦通讯委员会以 40 个州的 95 个市区作为样本搜集了本地基础交换电话服务价格的统一数据。不幸的是，对于研究者来说，就像许多州开始放开本地基础交换电话服务的价格管制一样，联邦通讯委员会在 2007 年的时候中断了数据。2011 年中期，我们从和联邦通讯委员会一样的 95 个城市样本中直接获得了本地住宅基础交换电话服务价格的参照数据。尽管结果数据集缺失了三年的观测值（2008—2010 年），但重要的是这包括了本地近期基础交换电话服务价格自由化之前和之后的观测值，所以我们能够评估价格自由化造成的影响。

第二，如上所述，随着时间的推移，我们编辑了联邦通讯委员会 95 个样本辖区现任运营商的基础服务产品受价格管制的详细信息。特别地，从 2007 年到 2011 年，我们确定了每年在各辖区哪种类型的监管制度——回报率、价格上限或自由化——适合本地基础交换电话服务价格。得出的结果对于近期本地基础交换电话服务自由化期间的基础住宅电话服务的价格和监管来说是一个强有力的、在实际应用中很好的数据库。

除了自由化的努力之外，还存在许多因素——需求特性、成本特性、竞争范围、交叉补贴等——可能会影响本地基础电话服务的价格。为了将这些因素从自由化的影响中分离出来，我们分析了一组涵盖5年基础通话价格的数据（2007—2011年，本地基础交换电话服务自由化政策起作用的时期），这些数据来自在整个美国市区服务的传统运营商样本。我们的分析利用了辖区内可变化的政策环境，久而久之，便于分辨不同监管形式之间的关系以及本地基础交换电话服务价格的变化。

我们将几个回归模型应用到我们的数据中。在每一种特定情况中，自变量是在一个给定的时间点和给定辖区中本地基础交换服务的真实价格。主要解释变量是捕获某个价格水平上政策环境的影响，如果在一个给定的时间内这个辖区是自由化的，那么将其标示为1，否则的话标示为0。几个附加的控制变量是为了对几个可能影响通话价格的附加因素作出解释，包括固网代理和无线竞争、业务之间的交叉补贴和住宅率、生命线渗透率、人口密度、收入和各州固定因素。

总的来说，我们发现解除本地基础交换电话服务价格管制即降低了价格也没有统计上的显著影响。简言之，在保持其他因素不变的情况下，采取传统回报率监管的辖区其本地基础服务的价格比管制灵活或者自由化的辖区价格更高。更详细地说，我们的回归分析显示，在控制了其他因素之后，自由化辖区的费率显然比价格上限辖区的费率更低（低了大约5.25美元/月或是平均水平的1/3）。而且采取传统的回报率监管的辖区费率是最高的（高出大约2.46美元或是平均水平的1/6）。因此，我们得出结论，竞争和自由化的结合使得本地基础通话的价格比没有采取自由化的地区更低。

四、结论

对零售通话服务的去垄断和价格自由化进程在美国已经进行了几十年。长途服务的价格管制在许多年前就解除了，本地服务价格自由化始于 20 世纪 90 年代。最近几年，有许多州已经通过解除基础通话服务价格管制完成了自由化进程。价格自由化的反对者声称解除价格管制将会导致费率提高（甚至"不可负担"）。但是我们的回归分析表明，在保持其他因素不变的情况下，自由化降低了价格。此外，观察几个利用指标我们发现，没有证据表明自由化导致费率变得更加不能负担。自由化带来了创新和总体经济福利这一观点得到了广泛赞同，并且有强有力的证据表明，解除其他通话服务的价格管制有利于消费者。于是我们得出结论，解除基础通话服务价格管制有利于消费者并且会带来经济增长。

市场化公共品生产

皮埃尔·勒米厄[*]

      法国政治理论家亚历西斯·德·托克维尔在 1840 年出版的著作《论美国的民主》一书中，赞美了自治组织在美国所扮演的角色。他写道："来自各年龄层，身处各种环境，性情各不相同的美国人不断组成协会。当新兴事业发展之时，在法国你会看到政府一马当先，在英国你会看到权贵首当其冲，而在美国你无疑会看到一个协会……我时常钦慕美国居民成功提出一个共同目标并鼓动人们群策群力，自愿投身其中的能力。"

      在托克维尔出版这部著作之后，美国经历了巨大变迁，但是由于私人所扮演的角色，自治组织得以沿袭存活下来。阿帕拉契亚山脉俱乐部（Appalachian Mountain Club）就是一个例子，这是 1876 年成立于波士顿，根据税法 501（c）3 条款得以免税的非营利组织，是美国最古老的"娱乐和保护组织"。阿帕拉契亚山脉俱乐部列举其使命为"保护、享受、理解阿帕拉契亚地区的山脉、森林、水流以及山径"。阿帕拉契亚山脉俱乐部聚焦于新英格兰和中大西洋地区，其志愿者维护着 1 500 英里的山径，其中包括由美国农业部管理的、覆盖了新罕布什尔州和缅因州 70 万英亩土地的白山国家森林公园。阿帕拉契亚山脉俱乐部的志愿者

---

  * 皮埃尔·勒米厄（Pierre Lemieux），美国魁北克大学渥太华分校管理科学部经济学家。
    译者辛辰，上海金融与法律研究院研究助理。

还协助维护阿帕拉契亚山北部的一条从缅因州通往乔治亚州的超过 2 000 英里的荒野小径。俱乐部发行山径和山脉指南，其中包括著名的《白山指南》，自 1907 年以后已经更新了 29 个版本，其职员和志愿者参与对失踪或者受伤的徒步旅行者的搜救行动。俱乐部拥有庇护所、露营营地以及小屋，并且组织有向导的项目、训练课程（例如垂钓）以及小学生的课外学习经历。

协会雇用了 450 名全职以及季节性职员，以协调每年数千名志愿者的工作，并且以其长期积累下来的超过 83 000 名会员而自豪。2011 年年末，其资产负债表显示有 1.13 亿美元的资产。其每年的总开支为 2 900 万美元，据称其中约 98% 的资金来自私人资本。

阿帕拉契亚山脉俱乐部在 2003 年发起了缅因州森林倡议（Maine Woods Initiative），从美国国际纸业收购了方圆 100 英里的荒野区域中的 37 000 英亩土地。这一区域东起穆斯海德湖直至缅因州的卡萨丁山，其中有超过 100 英里的阿帕拉契亚山径不与任何铺面道路相交。2009 年，阿帕拉契亚山脉俱乐部从一家林地地产所有者普朗姆·科瑞克公司（Plum Creek）又收购了另外相邻的 29 500 英亩的土地。亨利·大卫·梭罗在这些乡村旅行，经过了穆斯海德湖和卡萨丁山，激发了其 1864 年出版的书籍《缅因森林》的创作："1846 年 8 月 31 日，我离开马萨诸塞州的康考德前往班格尔以及缅因州未曾开垦的土地。"在阿帕拉契亚山脉俱乐部购买了梭罗村的第二块土地之后，梭罗发表了一份报道声明"在收购中没有使用任何公共资金"。

一、公共产品

现代经济分析将"公共产品"定义为被大量民众同时、共同消费的物品或者服务，并且在消费过程中很难排除搭便车者。这一概念是诺贝尔经济学奖获得者保罗·萨缪尔森在 20 世纪 50 年代提出的。经济学家们长期就搭便车者的问题展开争论，因为只要提供公共产品，他们的存在就会使市场上的公共产品供不应求；因为每个人都会指望他们的友邻来承担他们商品的费用。公共产品的典型例子包括国防、公共安全、灯塔以及诸如城镇道路的公共场所。阿帕拉契亚山脉俱乐部以及其他类似组织成立（用经济学术语就是"制造"）的荒野保护区也同样可以算做公共产品。

在现实生活中，我们经常可以看到私人参与到公共产品的供给中。阿帕拉契亚山脉俱乐部只是一个例子。在另一位诺贝尔奖得主罗纳德·科斯于 1974 年发表的一篇著名文章中，他展示了事实上英国灯塔是如何在 19 世纪由私人企业建造运营的（虽然有来自在各港口征收费用的海关人员的帮助）。此后的博弈论则揭示了社会准则如何发展以推动社会合作，而这也是一项公共产品，罗伯特·萨格登（Robert Sugden）提供了很好的处理方式。政治科学家埃莉诺·奥斯特罗姆（Elinor Ostrom，又一位诺贝尔奖得主）分析了公共资源（水、森林等）被自发形成的合作规则所管理的历史事件。

大多数（如果不是全部的话）公共产品都是"好的产品"——也就意味着是特定人群所渴求的产品。就如同只有航海家需要灯塔一样，森林爱好者渴望荒野保护区、山径以及山间庇护所。由此可见，私人协会是为其会员提供他们渴望的公共产品的颇具前景的途径。要克服搭便车者的问题就要让公共产品的受益人成为其成员并且自愿地为生产他们青睐的公共产品作出贡献，经济学家曼瑟尔·奥尔森（Mancur Olson）将此定义为集体行动，在他 1965 年出版的《集体行动的逻辑》中揭示了这一问题并非不能克服：一个协会可以通过向其成员提供"选择性激励"，即私有收益的方式来激励其参与其中。

　　阿帕拉契亚山脉俱乐部例证了私人协会向其成员提供公共产品的能力。有一年夏天，大约 7 000 名付费的参观者曾驻留在阿帕拉契亚山脉俱乐部的缅因州荒野保护区的山间小屋中。这些设施是私有产品，就像一张床所能容纳的人数有限一样，但是环绕他们的荒野确实给乐享其中的人们提供了公共产品。小屋对会员和非会员都开放，但是后者会产生奥尔森所谓的动机来购买会员，以便享受 10%—20%的会员折扣。一对夫妇在小木屋中留宿一晚所能享受的折扣能弥补很大一部分年度家庭会员费用。

　　虽然大约 10%的协会年收入来自会员的会费，大约是捐赠收入的 1/3，但与会员资质相关联的选择性激励并非阿帕拉契亚山脉俱乐部所有的资金来源。美国人往往以热衷私人慈善捐赠而闻名。不论是对阿帕拉契亚山脉俱乐部还是对其他慈善机构，捐赠人通过为他们喜爱的活动作出贡献并成为意气相投的协会的一员来获取相应的效用。但是捐赠人同样响应演变的道德准则，即诱导人们为能让他们获利的社会活动做贡献。由于对阿帕拉契亚山脉俱乐部的捐赠许多都是巨额的，另一项公共产品生产的经济学特性可能会发挥作用：西北大学的大卫·哈多克（David Haddock）解释道，某一特定公共产品的大批潜在顾客可能发现对该产品很有兴趣，从而个人在一定程度上资助了该产品的生产。最终，典型的美国企业家精神在资助阿帕拉契亚山脉俱乐部上发挥了作用：俱乐部一半的收入来自其付费活动。有许多途径可以通过私人方式来资助公共产品。

二、私人协会的腐败

　　如今由于政府无处不在，私人协会也常常卷入其中，并被政府通过联合项目、游说、津贴或者其他特权等形式所污染。就如同在其他领域一样，这一领域中私人和政府活动的界限也变得模糊了。但是阿帕拉契亚山脉俱乐部比其他协会更好地保持了和利维坦（即政府）的距离。阿帕拉契亚山脉俱乐部基本由商业活动、捐款和会员会费的资金支持。阿帕拉契亚山脉俱乐部确实和政府组织合办联合项目。例如，其对公立学校提供荒野项目，在白山国家森林公园内提供山径维护，以及和政府机构合作开展营救行动。但是在这些活动中，协会扮演着辅助的角色，并且通常不从政府获得报酬。

游说是一项更为复杂的事项。阿帕拉契亚山脉俱乐部援引的其历史上主要的游说案例中包括推动 1911 年的《维克斯法案》（Weeks Act of 1911），该法案允许利用联邦资金（和州政府合作）购买建立国家森林公园的土地。尽管有人会辩称仍有很多质疑为什么联邦层级应该被牵扯其中，但是这项法案仍然是相对良性的，并且与约翰·洛克（John Locke）关于家园的著名附文"知足，并将共有的美好留给他人"相辅相成。1975 年，阿帕拉契亚山脉俱乐部凭借一份并不完美的环境影响评价，赢得了反对修建通过新罕布什尔州的法兰克尼亚峡谷州立公园的高速公路的动议。这有点近似于利用州来运营有利于某人的面子的再分配计划，但是另一方面，公共出资建立的高速公路未必在经济上有效率。阿帕拉契亚山脉俱乐部还曾为 2004 年的《高地保护法案》（Highlands Conser-vation Act）游说，该法案和《维克斯法案》属于同一类别。当然，如果忽略洛克的附文，即纳税人被迫纳税从而使得政府可以购买他们的财产，其结果可以被视为秘密征收。

阿帕拉契亚山脉俱乐部寄给会员的募资信函通常不建议收件人联系他们选出的代表，而是应该寻求自愿、独立的努力和资金来支持各种任务，例如 2011 年 8 月修葺艾琳飓风造成的白山国家森林公园的损毁。然而，阿帕拉契亚山脉俱乐部会员可以选择参与的"保护行动网络"（Action Network）则鼓励联系政客们以商讨保护事宜。根据其最新的美国国税局公共归档，阿帕拉契亚山脉俱乐部在 2010 年用于游说的花费为 10 万美元，只是其预算中极小的一部分，并且其中大多数的花费都用于草根游说（游说以影响公众舆论，与实际联系立法者的方式截然相反）。总而言之，阿帕拉契亚山脉俱乐部的行动更像一个公共产品的私人生产商而非寻租者。

阿帕拉契亚山脉俱乐部并不能完全抵制来自政府津贴和特权

的诱惑。2005 年，缅因州以 440 万美元的价格从阿帕拉契亚山脉俱乐部手中购得了其 2003 年通过缅因州森林倡议购买的第一块土地的地役权。除非阿帕拉契亚山脉俱乐部真的相信政府能比他们自身更有效率地履行保护土地的职责，否则这笔购买更像是一项伪装的补贴。事实上，这笔钱来自美国农业部的树林遗产项目，该项目和州政府联合帮助保护组织购买私人土地或者此类土地的地役权。美国农业部自夸树林遗产项目是"一项完全自愿的项目"，如果你无视缴纳税款的纳税人的话，这倒是句实话。如果我们将购买地役权的资金和其他来自缅因州的补贴计算在内，2003 年土地购买占到了当年公共融资部分的 42％。

事实上，在 2009 年阿帕拉契亚山脉俱乐部的第二项土地购买中"没有动用任何公共资金"，但是该项购买通过联邦税收抵扣获得了资助。2003 年同样类型的融资方式曾为土地购买提供了短期贷款。为了在资金上满足这两项收购的需求，阿帕拉契亚山脉俱乐部从由 CEI 资本管理公司赞助的结构融资项目借贷了 3 100 万美元。CCML 是海岸企业有限公司（CEI）的一项旨在盈利的补贴项目，是一家总部位于新英格兰的社区发展组织。CCML 通过利用结构融资获得了 3 100 万美元的贷款，其利用 2000 年财政部称之为新市场税收抵免的项目来吸引投资者，该项目对合格的项目给予 39％的联邦税收抵免。特殊目的实体（一种结构性融资平台）得以建立以输出贷款。当然，投资者通过相互竞争有利税率来推动收益率下降，贷款者则获得了低于市场水平的利率。阿帕拉契亚山脉俱乐部如今已经偿还了大部分的贷款，并且其余的贷款也将于 2014 年如期偿还。在其资产负债表中——在 2003 年购买土地之前其净资产就已经达到了 4 900 万美元，其中包括 2 200 万美元的证券组合投资——使其获得了很高的年化收益，由此阿帕拉契亚山脉俱乐部无需补贴也能获得 3 100 亿美元的购买不动产的资金，但是更低的利率是难以抵挡的诱惑。

人们可能争论说一旦一项政府项目存在，就很难指责有人利用它。很显然，这样的论断是有局限性的，例如一个法人团体试图积极地维护贸易保护主义或其他特权从而对抗竞争者。但是在如今的世界里，你很难因为有人不通过非凡的努力而获得政府开支中极其微小的一部分而指责他，并且这项开支即使不给他也会给予其他人。此外，即使站在自由主义者的立场上，利用现存的税项减免（例如新市场税收抵免项目）似乎也是无可非议的：阻止利维坦筹集更多的资金就已经是很大的福音了。

三、流行语测试

一些阿帕拉契亚山脉俱乐部的合伙人则没有这么轻易地被赦免。CCML 和 CEI 都是准政府实体，只是伪装成了私人组织。从 20 世纪第一个十年末的数据看，CEI 预算中的 1/3 来自联邦政府和州政府。甚至连房利美都位列其资助者之列。CEI 用尽一切言辞和行动来哄骗华盛顿负责审批补贴的统治集团。该机构的目标是"实现社会和经济的公平"，以及"在足以负担的社群"实现"对所有人的环境公平"，为了实现这个目标，该机构需"利用整体研究"并且"拥有强有力的政策工具"——简言之：强大的游说力量。

展现 CEI 对这个世界深层了解的另一个例子，就是 2009 年的年度报告，该报告宣称：

> CEI 的计划是推动发展，直面严峻的国内和国际骚乱、金融危机、巨额战争开支以及对环境的破坏。占全世界人口仅 5％的美国人，却消耗了世界 58％的能源，其中主要是矿物燃料。同样地，不论是国内还是国外，财富也聚集在少数人的手里。

对 CCML 的补贴是有意为之的，并且很显然是其唯一的活动，即"利用美国财政部的新市场税收抵免项目将资本吸引到低收入地区"。稍早的时候，CCML 官员在众议院为申请延长于上一年年末到期（并且没有更新）的税收抵免作证。他们主张从代用最低税中免除这些税收抵免。一位旁观者得出这样的结论是可以原谅的，在这一事例中，CEI 确信将财富聚集于少数人手中是令人满意的。它继续宣扬着时髦的辞藻，其项目准则包括"维持经济受到挑战的地区的就业"，以及"维持传统并受到挑战的行业"。

阿帕拉契亚山脉俱乐部表明其保护的户外资源是具有"内在价值"的。当然，不存在脱离于人类偏好之外的"内在价值"：如果这个星球上或者可达到的宇宙范围内没有人，那这些资源从任何角度看都分文不值。阿帕拉契亚山脉俱乐部以其雇用当地人而自夸，好像从外地雇用一个更需要工作的人是一种罪过似的。作为"绿色承诺"的一部分，俱乐部实践"绿色购买"并且致力于"到 2050 年将其总的碳排放量减少 80％"。它支持"可持续林业"，似乎在私人土地上进行森林开发无论如何都不会是"可持续的"。然而，这些都是阿帕拉契亚山脉俱乐部利用其自身的资金并且在其自有财产上所做的。

阿帕拉契亚山脉俱乐部从不盲目接受政治和环境正确性。例如，它在其土地上允许狩猎并且携带火器。就这一问题，其发言人声称"在阿帕拉契亚山脉俱乐部的土地上允许携带火器是符合相关法律的"（这在缅因州和新罕布什尔州都是很自由的，并且是褒义的自由）。发言人继而补充"客人们被告知要避免在室内或者邻近设施的地方携带火器"，但是"当地的管理者可以例外"。然而，这一规定并未被张贴出来，因此很难判断一个人是随身携带了一支手枪还是将其藏在了背包中。也许阿帕拉契亚山脉俱乐部也在奉行"不问，不说"的原则？

当然，阿帕拉契亚山脉俱乐部在我们统计学家的世界中以另外的形式被渲染了。然而本质上它仍然是一家私人协会，致力于对其会员和支持者有利的私人目标，同时也是公共产品的私人供给者。它已经发展成为利用私人财产实现这些目标的翘楚，并且可以作为许多其他协会的典范。

随着公共债务问题在美国各级政府的日益深化，以及联邦政府很快就要作出选择是偿还债务、支付社保资金还是大幅削减其他开支，类似于阿帕拉契亚山脉俱乐部这样的私人协会所扮演的角色会更加重要。这应当被视为一个机遇。更多被污染了的组织将不得不回顾他们的财务和他们的使命。在短短三年间，CEI 从联邦和州政府获得的补贴减少了将近一半，使得它们 2011 年的收入下降了 17％。在此借用鲍勃·迪伦（Bob Dylan）的一句歌词，"眼下是变革的时代"。

延伸阅读

Alexis de Tocqueville, 2011, "Democracy in America", *The Idea of America*, edited by Bill Bonner and Pierre Lemieux. Laissez-Faire Books.

Paul A. Samuelson, 1955, "Diagrammatic Exposition of a Theory of Public Expenditures", *Review of Econom-ics and Statistics*, Vol. 37, No. 4.

Elinor Ostrom, 1990, Governing the Commons: The Evolution of Institutions for Collective Action, Cambridge University Press.

David D. Haddock, 2007, "Irrelevant Externality Angst", *Journal of Interdis-ciplinary Economics*, Vol. 19.

Robert Sugden, 2004, *The Economics of Rights, Cooperation, and Welfare, 2nd ed.*, Palgrave-Macmillan.

Ronald H. Coase, 1974, "The Lighthouse in Economics", *Journal of Law and Economics*, Vol. 17, No. 2.

Mancur Olson, 1965, *The Logic of Collective Action: Public Goods and the Theory of Groups*, Harvard University Press.

Henry David Thoreau, 1988, *The Maine Woods* (1864), Penguin Books.

John Locke, 1960, *The Second Treatise of Government* (1690), Cambridge University Press.

监管模式的冲突

克里斯托弗·S. 尤 *

美国的电信政策已走到了十字路口。20 世纪八九十年代，美国对电信行业的监管主要集中在本地电话网的准入许可上，这依旧代表着一种自然垄断。这项政策是现代通信政策中两大地标性政策的缩影，它们分别是 1982 年美国电话电报公司（AT & T）的拆分以及 1996 年颁布的《电信法案》（the Telecommunications Act of 1996）。这一基础政策最终也扩展到宽带网络，且被其他国家广泛效仿。

在法院的推动下，美国联邦通信委员会（FCC）在 21 世纪初开始退出该政策，并向放松管制的方向前进。为应对日益激烈的竞争环境，FCC 采取各项措施来消除对电话网络与宽带网络的准入许可要求。2005 年对 Brand X 案件的判决标志着最高法院放松管制这一趋势的开端，FCC 也就此取消了所有对电话与宽带系统主要的准入许可要求。

尽管关于网络准入许可的历史几经波折，但 FCC 还是根据"网络中立性"这一基础原则要求对宽带网准入许可。本文将回

* 克里斯托弗·S. 尤（Christopher S. Yoo），美国宾夕法尼亚大学法学、传播学、计算机信息科学教授，也是学校技术、创新与竞争中心创始人。本文系作者 2011 年的论文："Deregulation vs. Reregulation of Telecommunications: A Clash of Regulatory Paradigms", *Journal of Corporation Law*, Vol. 36, No. 4。

译者张毛培，上海金融与法律研究院研究助理。

顾传统电话网监管的历史，集中讨论以下三种独立监管模式的原理以及相关批判。

一、本地电话系统准入许可

至少自约翰·穆勒·密尔（John Stuart Mill）时期以来，自然垄断是费率管制的核心理由之一。当一家公司服务整个市场所需花费的成本要比两家公司服务所花的总成本更低时，自然垄断就此产生，其根本特征就是（成本的）"劣可加性"（subadditivity，也译做"次可加性"）。产生劣可加性的一个充分条件是在整个生产范围内存在规模经济，例如当固定成本非常高的时候。规模经济使得最大规模的公司能够享有最低的成本，从而使得它的定价能够比所有竞争对手都要低。由此导致的销量向市场龙头企业的转移造就了其成本与价格优势，从而能够不断地扩大其自身的规模直到它成为该行业内仅剩的一家。因此大规模经济会使市场从一开始的多数生产者共存逐步沦为垄断的独占市场。

纵观多数电话行业的历史，因电话服务需要较大的固定成本，使得大多数人都相信整个电话系统是一个单一的、完全整合的自然垄断行业。然而，在20世纪60年代，决策者们开始质疑这一基础信念。举例来说，电话听筒、传真机、应答机以及其他被终端用户用于接入网络的设备——被我们广泛称为"用户端设备"（Customer Premises Equipment，CPE）的这些设备无异于那些能够被少量有效生产的小家电。此外，由微波通信公司（Microwave Communications Inc.，后来以"MCI"为人所知）开创的微波传输技术的出现，使得服务提供商不必花费高额固定成本来搭建大型网络电缆就能提供长途通信服务。再者，不少公司开始提供一些创新型服务，将数据处理与传统传输相结合。这些现代互联网的前身最初被叫做"增值服务"，后来被称做"信息服务"，并不具备与自然垄断相关联的高额固定成本这一特征。

而在当时，对于本地电话服务而言，与自然垄断相关联的高额固定成本这一特性依旧存在。决策者们开始担心本地电话服务的这一垄断若继续存在，将会使得贝尔电话公司（The Bell System）继续阻碍该行业中其他服务领域的竞争出现。一方面，本地电话服务公司可以将在本地电话市场上赚得的独占性收益交叉补贴到他们自己所有的 CPE、长途通信以及信息服务中去。另一方面，这些本地电话服务公司可以运用专营权或搭售协议等方式来预先阻止那些补充性服务提供商的竞争。然而，令人担忧的还有贝尔公司可能会规避费率监管。它可以通过将本地电话服务与不受监管的服务进行捆绑，对后者进行收费来赚取原本在费率监管下不可能获得的独占性利润。

为了解决这样的问题，决策者们需要将电话系统中那些仍然具有自然垄断特性的部分（这里也就是指本地电话服务）与那些具有潜在竞争力的补充性服务隔离开来，并要求本地电话服务提供商以同等条件允许所有补充性服务提供商使用电话网。这项解决措施具有重大的历史意义。最引人注目的当属法院下令拆分 AT & T，要求贝尔公司将本地电话服务与 CPE 生产运营分立为独立的公司，并强制要求新设立的本地电话服务公司赋予所有补充性服务的提供商平等接入的权利，同时禁止新设立的本地电话公司从事长途、CPE 或信息服务。这一判决是根据 1968 年 FCC 的 Carterfone 规则以及 FCC 第二次 Computer Inquiry 决定而作出的。前者最终导致了一系列监管措施，要求贝尔公司向竞争对手生产的 CPE 开放网络，而后者则要求那些有意提供增值服务的大型运营商通过独立的子公司来提供，并且将它们的传输设备向其他增值服务的独立提供商平等开放。

像这样要求那些存在潜在竞争与固有垄断性质的业务种类从结构上分离为不同的公司实体，这使得大型企业想要将垄断性业务获得的利润交叉补贴那些面对竞争的业务变得更加困难。同时，结构性分离也使得对那些补充性服务独立提供商的歧视更加容易被监察到。监管者可以简单地坚持要本地电话公司向其他竞争者提供与自己下属经营的补充性服务相同的互连条款。如果这项措施实施得当，那么就可以使消费者享受到由竞争而非直接的政府干预所产生的好处，同时也能保护消费者免受行业内残留的非竞争性特征所导致的反竞争滥用。

二、不可避免的费率规定

这项解决措施必然是要付出代价的。通过强制接入瓶颈设施来促进补充性业务的竞争一般是以所谓"核心设施理论"（essential facility doctrine，也被称做"瓶颈设施理论"）为基础的。事实上，该理论也成了 AT & T 拆分的明确依据。

首席评论员们发现"核心设施理论"的关键在于"纵向合并"（vertical integration，也叫"垂直式合并"），具体而言就是一个能够控制垄断输入的企业可能通过拒绝分享输入来损害一个垂直相关的市场。实际上，法院与政府机构下令强制接入本地电话系统以及评论员们呼吁接入宽带设施都是以"纵向合并"为根本出发点的。

而"核心设施理论"一直以来也受到广泛而尖锐的批评。首先，该理论要求要有直接的费率监管。虽然有人提出这些问题都能简单地通过不歧视原则的要求来避免。然而这样的命令要求不能阻止一个纵向合并的垄断企业向其自己下属企业以及竞争者收取过分高昂的互联费用。这样做也不会影响垄断企业的盈亏，因为任何由补充性业务招致的损失都能通过其本地电话运营所获取的更高利润来弥补。无论如何，这样做能够有效地将竞争者关在门外。在缺乏对费率进行一定控制的情况下，强制接入能够简单地要求垄断企业与其竞争者分享其核心设施，但这不会为其消费者提供任何好处。如果没有费率管制，那么我们只能期待垄断企业向每一个愿意支付垄断价格的人分享其设施了。

因此，费率监管才能使得强制接入一个垄断设施变得有效。这样的接入会不断地招致收费纠纷。正如菲利普·阿里达（Phillip Areeda）与赫伯特·霍芬凯姆普（Herbert Hovenkamp）在《反托拉斯法》（Antitrust Law）中注意到的，一旦被下令这样接入，那么

> 原告就很有可能会因被收取的接入核心设施的价格而起诉被告，主张（1）被告收取的费用过高而与"拒绝交易"无异，或者（2）价格不合理，再或者（3）被告的接入价格造成"价格压榨"，使得作为竞争者的原告在销售其产品时无法获得合理利润。

决策者想方设法要挖掘出一个能够评估费率合理性的原则性依据。费率监管一直以来都存在着价值难题以及联合成本分配的问题。制定费率的经典方法也同样造成了降低成本的激励不足，促使企业运用资本密集型产品的定价方法，即使这样做是十分低效的。此外，还存在着回报率多高才合适的难题以及回报应当基于资产的历史成本还是重置成本。再者，经济定价还会因为监管程序固有的滞后与偏见而受限。就像最高法院在 Smyth v. Ames 的案件中所明确的，以及布兰迪斯（Brandeis）法官在 Missouri ex rel. Southwestern Bell Telephone Co. v. Public Service Commission 的案件中所写的著名的附议那样，决定费率是否合理是一个"令人为难的问题"，也是一项"费力而又令人困惑的任务"。

除此之外，当业务服务因质量不同而费率规定不同时，对于费率是否合理的争议就更难解决。在宽带网的情况下，服务质量与四个维度有关：带宽、延迟、波动和可靠性。当质量各不相同时，被监管的企业可以简单通过降低质量来规避费率规定的影响。事实上，这正是在之前企图通过费率规定监管电视行业时所发生的：费率监管无法降低由质量调整的有线电视费率。

三、无法实现的纵向合并效率

另外，强制结构性组织分离与平等接入必然能够限制企业享受纵向合并带来的好处。虽然在法学界以及学界评论员一度非常反感这样的做法，但纵向合并能够产生实质性的效率在如今已经被广泛认可。有一些效率是技术上的。比如来电显示以及语音信箱，二者在电信服务中已经越来越受欢迎。正如后来所证明的，提供这些服务最有效率的方法是通过用来传输呼叫的交换机，它本质上就是一台拥有实现这些功能和信息的小型计算机。

其他一些效率与价格理论关系更密切。例如，一直以来经济学家都认为，在单一的生产链里接连的两家垄断企业可能都会企图垄断整个定价，相比这两家企业纵向合并，这将会导致更高的价格。同样地，当一家垄断企业控制了可以和其他投入要素以不同比例结合成的某一种投入要素，那么纵向合并就能加强经济福利。因垄断产出而收取独占性的价格费用将使下游企业想办法以其他产出替代。一方面，这样的产出替代将通过限制垄断企业赚取独占性利润使消费者受益。另一方面，它同时也因为产出混合所导致的质量较次以及价格更加昂贵损害了消费者。在这些情况下，纵向合并是否能够增加或减少经济福利取决于以上两种效果哪个更明显。

最后，就像诺贝尔奖获得者奥利弗·威廉森（Oliver Williamson）在研究中强调的，纵向合并也可以通过消除预防投机者所需的交易成本来使消费者获益。例如，当企业必须进行关系专用性投资（relationship-specific investment）时，它将很容易被限制。当固定成本投入后购买者拒绝付钱，当商品不能够被转变其使用目标时，这种限制就会发生。如果需要用于合同谈判以防止这种情况发生的交易成本变得十分巨大，那么企业可能会更倾向于通过纵向合并来消除生产链中某一家企业想要以其他企业的代价来换取适当盈余的动机。

纵向合并会带来福利强化的理论模型通过大量的实证文献证实了纵向合并能够在大多数情况下使消费者受益。其中一项领先的研究关注语音信息服务，例如语音信箱。但 FCC 要求这样的服务必须由第三方提供，由此使得这项服务的引进时间推迟了 10 年，这相当于每年减少消费者福利达 10 亿多美元。

　　更广泛的关于纵向合并的实证文献也得出了同样的结论。例如，弗朗辛·拉方丹（Francine Lafontaine）和玛格丽特·斯莱德（Margaret Slade）对纵向合并的实证文献进行了综合性的总结。虽然在他们开始总结证据时心中并没有任何对结论的猜想，但他们还是惊讶地发现，除了少数个别的研究外，最有分量的证据表明，"从企业和消费者的角度来看，在大多数情况下，利润最大化的纵向合并决定是有效的"。他们的调查表明，"在纵向安排下，竞争机构在其攻击此种安排之前应当负有举证责任来证明这样的纵向安排具有损害性"。此外，调查还发现，"有清楚的证据表明，被施加在零售网所有者身上的纵向合并限制对消费者往往是有害的"。因此，他们呼吁"政府机构能够重新考虑这些限制的有效性"。优秀的纵向合并理论家、前 FCC 首席经济学家迈克尔·赖尔登（Michael Riordan）在近期的一项调查文献中得出这样的结论："纵向合并有利于竞争这一普遍的假设，是能够被大量经济学文献所验证的纵向合并所带来的有效性好处所证实的，包括对不同行业间纵向合并所产生的积极效果的实证研究文献也能证明这一点。"

　　拉方丹与斯莱德对纵向合约限制所进行的实证文献总结也能给出相似的结论。一般情况下，"私下强加的纵向限制对消费者有利，或者至少没有坏处"。对比之下，政府强制或者禁止纵向限制将会"对消费者福利产生系统性减少或者至少不会对其有所提高"。文献作者们总结道："实证证据表明，事实上，对纵向限制持宽松的反托拉斯态度可能不是没有道理的。"另外，令人意外的是拉方丹和斯莱德发现实证证据十分"令人震惊"，这些证据都是"出乎意料地一致"，"一致而又让人信服"，甚至让人"不得不信服"。

　　而联邦贸易委员会的 4 位高级委员也对纵向限制的实证文献做了类似的评论。他们发现"纵向限制或纵向合并可能会损害消费者这一说法缺乏依据"。他们在 22 项纵向限制对消费者福利影响的实证研究中，只发现了 1 项研究分析得出纵向合并会损害消费者，且这一研究指出福利损失是微不足道的。另一方面，"却有大量的研究表明，在特定情况下使用纵向限制能够提高福利是毫无疑问的"。因此，调查表明"大多数证据显示纵向限制或纵向合并是促进竞争的"。而最主要的证据显示出"纵向限制往往是有益的或者说是会强化福利的"，相应地，这也就使得纵向限制的反对者负有推翻这一结论的举证责任。

综上所述，对纵向合并的理论与实证研究都强有力地表明，监管机构强制结构性分离以及禁止纵向合并会给消费者带来实质性损害。而这些福利损失也从另外一方面反映出强制接入也会损害消费者。

四、本地环路分拆

禁止组织分离所暗含的垂直合并，会阻碍重要的效率实现，这一日益被认可的共识使得 FCC 需要开拓新的方法，使得企业能够不仅在合并基础上提供服务，同时仍然能够预防潜在的反竞争活动。由此，FCC 的第三次 Computer Inquiry 报告修正了规则，允许主要的本地电话公司能够在纵向合并的基础上提供信息服务，只要它们能够给予其他信息服务提供商同等接入它们本地电话网络的机会，并向其开放它们的网络。而 1996 年《电信法案》也要求所有现存的本地电话公司在任何技术可行点开放它们的网络元素。法案所要求的开放包括一个关键的限制：它需要 FCC 去决定哪些网络元素的接入是有"必要"的，以及判断没有接入哪些单元是否会导致对运营商提供服务的"损害"。而最关键的网络元素是连接消费者所在地与电话公司核心办公室的电缆，被称做"本地环路"（local loop）。

最初 FCC 对本地电话服务相关的大范围网络元素进行分类计费。同时，FCC 对包括本地环路在内的数字用户线（Digital Subscriber Line，简称 DSL）提出了各种不同的分类要求。或许其中最重要的是 FCC 在 1999 年颁布的《线路共享命令》（*Line Sharing Order*）要求强制开放作为 DSL 载体的高频部分的本地环路，以便竞争者能够在相同的环路中提供服务而无需同时在低频部分提供传统的电话服务。

在电缆调制解调器服务方面，FCC 的监管方式还存在更多的不确定。多年来它都迟迟没有为其解决适当的分类监管问题，直到最终它将其作为一种州际"信息服务"，从而不受用以规制电信服务的普遍传输体制和规制有线电视服务的管理体制的约束，也不受由 Computer Inquiries 所设定的税率及分拆要求的规制。在这样的规则下，管理机构注意到在过去它只是将"这些义务施加给传统的有线服务与设施，却从来没有将通过有线设施所提供的信息服务包含在内"。另外，FCC 还拒绝将通过计算机调查而设定的税率规定与分拆要求适用到电缆调制解调器服务上。随后在 2005 年最高法院对 National Cable & Telecommunications Association v. Brand X Internet Services 的案件判决中也支持了 FCC 的这一判定。

（一）管理困境

本地环路分拆一直受到来自各界的批评。首先，分拆需要广泛的费率监管来防止本地电话公司通过收取额外的费用来破坏网络接入。

其次，分拆会产生许多管理上的难题。这不同于拆分 AT & T 时要求的网络接入，本地环路分拆是给予竞争者接入本地电话公司部分网络的机会，而不是他们整个网络。因此，分拆要求本地电话公司在其网络中以前没有提供过服务的接点处提供服务。相应地，这也就要求本地电话公司去创设接口，并且对这些接口处提供的服务进行相应的配置、监控和计费。

这样一来，本地环路分拆就可能变得非常难以管理。就像在 AT&T Corp. v. Iowa Utilities Board 案件中布雷耶（Breyer）法官在他的独立意见中所警告过的那样，"即使是最简单的强制分享也意味着有人必须去监督该分享的相关条款与状况"，相应地，就会产生"显著的管理和社会成本"。布雷耶法官还提出：

> 设施越复杂，公司对其所要担负的管理责任就变得越核

心，分享的需求越广泛，那么所产生的成本可能就变得越多。而当成本越多时，它就越可能抵消原本分享所能带来的任何经济或竞争效益。

因此，"强制企业去分享其每一项资源或元素的结果不是创造竞争，而是会创设各方面的规定。而这些规定的设定者不再是市场本身，而是监管者"。在 Verizon Communications Inc. v. FCC 的案件中，布雷耶法官又重申了这些担忧，并且还提出本地环路分拆只能产生十分微弱的竞争，而不能够刺激竞争者的加入，另外，分拆注重"在监管体制下对整个现行系统的广泛分享，这一结果与法律想要创造的竞争市场完全不同"。

2004 年最高法院在 Verizon Communications Inc. v. Law Offices of Curtis V. Trinko, LLP 案的多数意见中也拓展了这些担忧。其中，法院认为"强制的分享要求反垄断法庭充当核心的决策者，设定适当的价格、数量以及其他交易条款"。再者，分拆接入会深刻影响本地电话的网络元素，因为只有设计和安装适用于接入的新系统才能使接入可用。另外，"反垄断法庭对分拆接入请求的评估是存在难度的，不仅因为这些是高度技术性的，而且数量往往特别多，具有不间断性、复杂性以及多变性。安装分享和互联的相互竞争的现存地区性电信业者（Local Exchange Carriers，简称 LECs）的义务也将面临层出不穷的挑战。

这样一来，核心设施理论就必然要求政府监督整个交易关系。当 FCC 设法建立其他接入机制时，例如 20 世纪 90 年代早期的长途互联以及有线电视系统出租接入等，进一步地反映出以上这些问题。尤其是按照两位著名网络行业学者保罗·乔斯考（Paul Joskow）与罗杰·诺尔（Roger Noll）的说法，他们虽然没有特别从解除管制的角度出发，但他们的研究证明，这些接入机制实在难以运行，应当被废除。

五、对投资激励的影响

或许本地环路分拆最具争议性的一方面在于它会削弱对那些

可以与垄断设施相竞争的替代性网络的投资。著名的"公地悲剧"（tragedy of the commons）就能很好地反映出人们倾向于过度使用共享资源且对其缺乏进一步的投资发展。更重要的是，正如阿瑞达（Areeda）和霍芬坎普（Hovenkamp）所发现的，"分享垄断资源的权利会使企业怠于发展属于它们自己的其他替代性输入资源"。对于 Iowa Utilities Board 案，法官布雷耶也在独立意见中表达了相同的担忧：

> 分享的要求会通过剥夺所有权人价值创造的投资、研发或劳动力成果来使得原所有人怠于去维持或提高其所有的财产价值……也没有人可以保证企业会进行必要的投资以求复杂的技术突破，因为它们知道任何从那些突破中获得的竞争优势最终都会因为共享而消失殆尽。

在 Trinko 案中，最高法院的多数人也同意这样的看法，他们认为"强制这样的企业去分享它们的优势资源会打击垄断企业、它们的对手，或者同时打击两者对那些有经济效益的设施的投资热情"。换言之，无法接入时那些企业将不得不投资其他可替代的供应资源。为了把那些企业从这些投资中解救出来而强制接入，这将会对垄断企业产生威胁。实际上，费率监管的实施原本已经消除了损害竞争投资的独占性收益。

这也强调了强制接入瓶颈设施在某种程度上是对瓶颈设施的屈服。如果对于一个竞争者来说进入瓶颈设施是完全不可能的，那么强制企业分享它们的网络可能是合适的。在这种情况下，任何对其他网络容量投资热情的抑制都是无关紧要的，因为这样的成功不可能实现。但事实上，这是 AT & T 拆分时的情形。因为本地电话服务仍然是一种棘手的自然性垄断。因此与现行系统相竞争的新本地电话设施所做的尝试几乎都不可能使其接入网络，所以决策者专注于促进补充性服务内竞争的次级目标的实现是恰当的。

然而，当竞争性进入存在可能性时，情况就大不相同了。在这种情况下，竞争政策应该致力于刺激那些可以打击垄断的投资。所以问题就在于，如果继续实施分拆要求，就会同时抑制对其他网络能力的投资。而越来越多的实证研究也证明了分拆无法促进本地电话服务的投资竞争。事实上，许多研究表明积极接入网络会抑制这样的投资。更重要的是，有研究得出了类似的结论，认为强制接入对宽带接入业务的投资没有显著的效果。同时，实证研究也普遍表明，基于新设备进入的竞争是对宽带网络的部署和使用的有效推动力。

后来，基于欧洲的情况，有评论员提出了强制性接入的第三个理由，叫做"投资阶梯"（ladder of investment）。不同于之前的理论，按照投资阶梯理论，并不是向被监管者视为自然垄断而无法竞争的网络元素提供接入，而是通过接入那些可能被复制的网络元素，新进入者可以通过转售现行系统的服务而更加便利地进入网络。随着时间的推移，他们可以从提供额外服务开始直到最终成为成熟的基于网络设施的竞争者。

在这一理论下，政府所扮演的角色就不再是监督那些固有的不可竞争网络部分的接入，而是管理那些存在竞争可能性的网络部分的接入，因为这一部分网络可能一开始对于新进入者而言困难重重，无法完全靠自身去竞争。

然而这一论证内部自相矛盾。就像在 Trinko 案中最高法院指出的，"援引核心设施原则必不可少的前提在于接入这些核心设施的不可能性"，也正是因为这个原因，法院坚持只将核心设施原则适用于该设施无法从其他渠道获得的情况。当一家企业所要求接入的设施可以依靠其自身建立时，核心设施原则就不再适用。正如第七巡回法院所指出的，在 MCI 尚未将其自己的网络延伸到这个国家的某些地区时，其类似的想要接入 AT&T 长途网络局部的要求被驳回，因为"一方面 MCI 对建立自己的网络没有充分解释，另一方面它也没有权利接入 AT & T 的设施"。另外，正因为强制接入会抑制竞争者投资新网络的热情，除非这样的机制能够被管理得当，否则很可能产生阻碍新进入者参与竞争的不利影响。

想要通过投资阶梯理论来实现管理竞争的监管必须非常谨慎地设定标准。定价太高会造成接入没有经济效益，如此一来监管干预将毫无意义。如果定价太低将会打击竞争者投资其他替代性资源的积极性。监管者不仅需要正确定价，还必须随着时间的推移致力于消除这一接入。否则，竞争者将会无限依赖监管机制而非依靠自身来建立他们自己的网络能力。

这些因素使得投资阶梯式监管变得难以实施。虽然也有一些研究报告提供了一些初步考察证明该理论的可行性，但正式的实证分析却表明该方案的实施无法促进投资或是激励竞争加入。

六、解除管制的选择

当欧洲正在发展新的理论来合理化强制接入电信网络政策时，美国却着手于一个更加宽松的监管方向。例如，2002 年，华盛顿哥伦比亚特区巡回法院撤销了 FCC 要求线路共享的决议。而后 2003 年 FCC 颁布了具有里程碑意义的《三年回顾命令》（Triennial Review Order），消除了对大多数 DSL 相关网元的分拆要求，并且对本地电话服务分拆的保留要求也被法院撤掉，随后也取消了这一保留要求。就像在文章一开始提到的，最高院在 2005 年对 Brand X 案的判决也支持了 FCC 在 2002 年免除电缆调制解调器服务受接入管制的决议。在这之后不久，FCC 取消了所有剩下的对 DSL 的接入要求。同时 FCC 对外发布裁决，宣布宽带电力线通信与无线宽带都属于信息服务。

（一）竞争的出现

美国电信政策这一解除管制的转变，在很大程度上是被竞争所推动的。拿电话来说，现存的本地电话公司正面临着来自基于互联网的 VoIP 与无线电话运营商的激烈竞争。传统的有线电话数量正在急剧下降，从 2000 年 12 月的 1.93 亿之多到 2011 年 6 月已经减少到 1.12 亿。

但就宽带而言，法院认为存在于 DSL 与有线调制解调器系统之间的竞争水平已经达到了无需再要求大型运营商提供分拆接入的水平。竞争进入的可能性随着近期对"光纤到家"（例如 Verizon 的 FiOS 网络）以及 4G 无线技术（例如 LTE 和 WiMax）的投资变得更加明了。虽然电信行业内固有的规模经济特征必然会阻碍市场发展成完全竞争的市场，但对于任何监管体制我们都要牢记管制并不是不要钱的。就像 FCC 前任首席经济学家霍华德·A. 谢兰斯基（Howard A. Shelanski）指出的，不受管制的独占垄断会表现得十分糟糕而招致干预成本的产生，而不受管制的寡头垄断却能够表现得足够好而有利于放松管制。

竞争的出现有效地阻断了强制接入既存网络的延续。在许多情况下，任何人被某一运营商拒绝提供服务时，就拥有从其他运营商那里获得服务的大量选择。

（二）对投资激励的影响

即使市场竞争还不充分，对于放松管制的转变仍然是合理的。这是因为如果批准强制接入会使得网络竞争变得更加不可能。总之，接入要求的存在可以帮助任何需要接入设施的企业免受自己建立竞争网络的风险承担，但拒绝接入可以最强有力地激励其创造其他网络的能力。虽然拒绝接入会造成短期内静态效率的损失，但从长期来看，竞争进入的激励可以促进动态效率的提高。

正因为如此，决策者在竞争进入存在可能的任何时候都不应该实施接入机制。竞争进入耗时太长、耗资巨大，不应该成为强制接入的理由，因为"迟到总比没有出现要好"。像这样通过刺激竞争进入来去除瓶颈而不是简单要求共享的方法有着更显著的优点，因为其本身包含了如何退出的策略。相反地，如果通过强制共享瓶颈设施，抑制投资热情，该机制也就默认了这一垄断性设施以及持续性监管将会无限期地存在其中。不同于通过规制行为来无限期参与监管，解除管制所发展出的这一套结构性解决方案干预性更小，且所需的持续监督也少得多。

监管调整不可避免的滞后性也同样会产生风险。例如，保护现行系统免受新竞争的强制接入，还会在监管理由消失后的很长一段时间内继续存在。颁布新的监管模式的滞后最多会造成经济损失。而最坏的情况是，如果继续这样的监管模式，打压建立新技术的热情，将会使得市场集中根深蒂固，成为宽带政策的焦点问题。

七、监管还是解除监管？

那么，决策者应当如何在重新监管与解除监管中选择呢？通过前文的分析，我们可以看到以下需要考虑的因素。首先，决策者应该调整监管模式以保证只有当市场中不存在竞争选择时才适用。如果有充足的竞争存在，那么消费者不会因为其中的某一个拒绝服务而利益受损。

如果不存在充足的竞争，那么决策者应当去思考竞争进入是否存在可能。如果存在这样的可能，那么在期待竞争进入所带来的长远动态效率增长发生的同时，应该去评估短期内可能会产生的静态效率损失。有学者已经明确提出，由于动态效率提高会随着时间的推移而累积，其最终一定会超出短期内静态效率的损失。不管怎么样，动态效率提高是否会超过静态效率损失取决于提高与损失的大小、进入的速度以及折现率等其他因素。要判断网络多元性所带来的福利如何，我们需要的不是简单地通过政策推断，而是需要多方面的调查。

最后，决策者必须将政策法规考虑进来。注重结构而非行为救济的管制解除可以增强其可操作性。除此之外，解除管制将会分散决策，并且将潜在的监管延迟的负面影响降到最小。同时，任何接入机制必须考虑到监管机构无法将社会偏好采纳得滴水不漏，并且机构的决策也经常会被政治目标与和好政策不一致的公共利益压力所影响。决策者也可能会低估网络竞争所带来的好处，因为这无疑也是不确定的，存在偶然性因素。因此决策者也会倾向于给消费者提供眼前的选择，而使他们获得直接可见的好处。另外，即使当管理机构作出的某种恰当的应对是要缩小其管辖权时，它也常常想要尽可能地扩大它们的管辖权。

分析一下这样的例子，一个之前被视为自然垄断的网络出现了技术上的其他选择。恰当的政策应对应当是解除原先对该行业的管制，因为竞争已经出现，原本用以正当化管制的理由已经不存在。然而，一个机构的确拥有作出相反应对的动机。大多数情况下，所有机构不会去解除对旧行业的管制，而是对新的行业主张管辖，并将同样的限制性法规拓展适用到新的行业上。这种情况在卡车运输业失去其自然垄断性时就已经发生过了。当时，州际商务委员会并没有解除铁路运输的管制，而是将监管铁路的模式沿用到新的竞争者身上。同样的方式在有线电视行业也发生过，当时是因为其所需的电磁波谱稀缺而有了干预管制电视广播行业的正当性，而后来是因为技术可以不再需要这一稀缺资源的使用。

管理机构的这些反应都是可以理解的。毫无疑问地，机构人员会逐渐认同他们所管理的监管机制，并且对任何变动产生反感，想要控制这样的干扰。但是，在原本没有竞争的行业里出现了竞争，这原本就是他们应当去面对的一种"干扰"。赋予监管机构对网络体系结构"把关人"的权力必然会将网络政策置于如此复杂的紧张关系之中。

只有当竞争进入完全不可能时，决策者才能有理由废弃其促进本地新电信网络从业者进入竞争的首要目标，而转向致力于通过接入管制促进补充性服务竞争这样的次要目标。在决定是否这样做时，他们应当考虑到对管理机构的政策法规的局限性。决策者还应当引入一旦竞争变为可能时如何取消强制接入的机制，用以保证监管本身不会成为压制竞争的理由。

八、结论

综上所述，是否对电信网络实行强制接入的决定将两种监管模式呈现在决策者面前。一种是通过刺激竞争进入打破垄断，另一种便是屈服于垄断，然后简单地寻求如何分配垄断设施。无论是理论研究还是实证研究都表明，只要竞争是可能的，决策者就应该普遍采用第一种方案而取消强制接入。再者，当竞争可能还不存在时，决策者只有在独占市场下短期效率损失大于长期动态效率收益时采用强制接入。同时决策者还应当对所计划的监管机构作出真实的机制能力评估。只有当所有的标准都满足时，对接入的管制才是合理的。假定在这些市场中存在广泛的竞争以及通过新技术能够进入竞争，那么该范围内管制所具有的合理性就会非常小，而且在未来会变得越来越小。

延伸阅读

Howard A. Shelanski, 2007, "Adjusting Regulation to Competition: Toward a New Model for U. S. Telecommunications Policy", *Yale Journal on Regulation*, Vol. 24.

Bruce M. Owen, 2011, "Antitrust and Vertical Integration in 'New Economy' Industries with Application to Broadband Access", *Review of Industrial Organization*, Vol.38.

Phillip E. Areeda and Herbert Hovenkamp, 2008, "*Antitrust Law*, Aspen Publishing.

Carlo Cambini and Yanyan Jiang, 2009, Broadband Investment and Regulation: A Literature Review", *Telecommunications Policy*, Vol.33.

Michael H. Riordan, 2008, "Competitive Effects of Vertical Integration", In *Handbook of Antitrust Economics*, edited by Paolo Buccirossi; MIT Press.

Martin Cave, 2006, "Encouraging Infrastructure Competition via the Ladder of Investment", *Telecommunications Policy*, Vol. 30.

Francine Lafontaine and Margaret Slade, 2008, "Exclusive Contracts and Vertical Restraints: Empirical Evidence and Public Policy", In *Handbook of Antitrust Economics*, edited by Paolo Buccirossi; MIT Press.

Oliver E. Williamson, 1975, *Markets and Hierarchies*, Free Press.

Daniel F. Spulber and Christopher S. Yoo, 2009, *Networks in Telecommunications: Economics and Law*, Cambridge University Press.

Thomas W. Hazlett and Matthew L. Spitzer, 1997, *Public Policy toward Cable Television*, MIT Press and AEI Press.

Thomas W. Hazlett, 2006, "Rivalrous Telecommunications Networks With and Without Mandatory Sharing", *Federal Communications Law Journal*, Vol. 58.

Paul L. Joskow and Roger G. Noll, 1999, "The Bell Doctrine: Applications in Telecommunications, Electricity, and Other Network Industries", *Stanford Law Review*, Vol. 51.

Yoshikazu Okamoto, 2009, "The Influence of Market Developments and Policies on Telecommunication Investment", OECD Digital Economy Papers No. 151.

Jerry A. Hausman, 1997, "Valuing the Effect of Regulation on New Services in Telecommunications", Brookings Papers on Economic Activity: Microeconomics, Vol. 28.

James C. Cooper et al, 2005, "Vertical Antitrust Policy as a Problem of Interference", *International Journal of Industrial Organization*, Vol. 23.

Francine Lafontaine and Margaret Slade, 2007, "Vertical Integration and Firm Boundaries: The Evidence", *Journal of Economic Literature*, Vol. 45.

最高法院如何注定了
平价医疗法案的失败？

托马斯·A. 兰伯特*

不管是权威人士、政策学者还是像笔者这样的法学教授，都对 2012 年 6 月 28 日美国最高法院对《病人保障与平价医疗》(Patient Protection and Affordable Care Act，ACA) 合宪性的裁决感到十分惊讶。大部分的观察者都认为，裁决结果要么是 5∶4 否决 ACA 所谓的 "个人强制"，认为其对州际商业管制得太多；要么是 5∶4 或 6∶3 支持这一强制手段，认为它是商业条款权力的合法施行。然而实际上，包括主法官约翰·罗伯茨 (John Roberts) 在内的 5 名法官都一致认为，强制从私人公司那里购买医疗保险超越了最高法院在商业条款方面的权限。但包括了主法官在内的另外 5 名法官则认为，这一法规不是强制要求购买健康保险，而是对不这么做的行为征收一项合法的税收而已。

最高法院同样使观察者们惊讶的是，7∶2 多数通过裁决，认为 ACA 对不按照法规规定扩展医保配额的州，将取消所有的联邦医保资金（而不仅仅是扩展资金）是不当威胁，给各州非法地施加了压力。然而原先的最高法院裁决先例已经让人们意识到，支出条款立法可能会存在不合宪地霸占一些州的理论可能性，但实际上支出立法从没有因为强制的原因被驳回。没有人会想到国

---

* 托马斯·A. 兰伯特 (Thomas A. Lambert)，美国密苏里大学法学院首席法学教授。

译者姜楠，上海金融与法律研究院研究助理。

家的挑战者们的强迫说辞会成功，甚至还以7：2票通过。

现在既然已经尘埃落定，我们就可以评估一下在 National Federation of Independent Business v. Sebelius 一案中的裁决的可能结果。本文简要概括了决定个人强制裁决所依据的理由。然后考虑假如经过 NFIB 调整过的 ACA 没有废除，对于美国的健康保险和医疗保障会有什么影响。要敲响警钟的是：前景并不美好。

一、罗伯茨法庭的裁决

不管是罗伯茨法官在法庭上的意见，还是法官们的一致异议，都强调了我们联邦政府的权力是有限的。人权法案禁止政府为干预某些诸如言论自由、结社自由和宗教自由的基本权利而施行的监管和行动。另外，宪法第一条详细列出了国会有权限做的事情和未经授权的国会行动，从而限制了国会的权力。同样地，对于国会通过宪法法规的行为，它必须既受到宪法第一条中赋权条文的授权，同时又不能被《人权法案》（Bill of Rights）中的限制所禁止。

NFIB 案的根本问题是，所谓的个人强制——ACA 中要求大部分个体购买健康保险或给政府交罚金的条文——是否被宪法第一条允许。政府声称这一强制要求符合宪法条文中第八部分第三

条的"监管各州间的商业"明确规定的权力。反过来，国家的反对者们则坚持认为，不必购买健康保险的个人并没有包含在商业活动中，因此强制他们进行商业活动本身就不是对商业的监管。法庭的 5 位成员同意并且坚持认为商业条款没有允许国会要求个人向私人公司购买保险。他们进一步达成共识，认为这一强制令并没有满足宪法第一条允许国会为实施它在商业条款中的权威而"制定所有必需且适当"的法律这一条文。这 5 位法官总结说，这一强制令并不"适当"，因为它会对商业进行强迫而非监管，而且任何"必要与适当条款"所赋予的权力，必须是从属于而非高于其明确列举的权力。

但所有这些对于削弱个人强制令的合宪性还不够。在总结了强制令在商业条款和必要与适当条款下不是国会合法的授权活动后，罗伯茨法官调用了一项解释性特权，这一特权允许最高法院在可能的情况下，以保留其合宪性的方式对法规进行解释。因为他认为这一强制令在前面提到的立场中都站不住脚，罗伯茨法官希望采取他认为尽管不是"最直接的"但仍是"相当可能"的一种方式来解读 ACA——从名义上来说，法规并没有规定不买医疗保险是非法的，而只是以一种"罚金"的形式对那些不买医保的人施加了一项税收。罗伯茨法官解释道，国会将这一支出叫做罚金而不是税收，就完全可以避免应用到《反禁令法案》（Anti-injunction Act），这一法案限制了最高院对税收法律的管辖权，但仅作为一项条文，它可能会被国会凌驾。然而，根据罗伯茨法官以及其他 4 位法官的说法，仅仅是国会的遣词并不能避免这一罚金成为因宪法目的而征收的税金。这 5 人解释道，不购买保险而缴纳的罚金在宪法上就被认为是一种税收，因为它在规模上相对较小，没有"故意的"要求（即并没有要求故意不购买保险），而且是由国内税收服务（Internal Revenue Service）来收缴的。同样地，因为没有购买保险而缴的罚金在宪法上是合理的，只要它满足宪法对国会税收权力的约束即可。这 5 位法官认为，这一禁令做到了这一点。

剖析这些解释以及探索 NFIB 的个人强制裁决一案的广泛外延足以让研究宪法法律的学者们花好几年时间了，而且对这一决定进行详尽的合宪分析也超出了本文的目的。相反地，本文剩下的部分将聚焦更为狭义也更为紧迫的问题，即修改后的 ACA 将会如何改变美国的健康保险和医疗保障。

二、启示

2009 年 6 月，在健康保障改革辩论伊始，奥巴马总统的经济顾问委员会指出了"成功的医疗健康保障改革的两项关键内容：（1）对医保成本进行真正的遏制，以及（2）医疗保险覆盖范围的扩展"。当 ACA 最终推行后，我们能够发现，这些支持者们明显没有强调前一项内容，而几乎完全聚焦在后者上。然而，像 NFIB 案例中所解释和修改的那样，ACA 很可能两者都做不到。相反，我们可以预料医疗保险的保险价格将会提高，基本的医疗成本——医保价格的最重要驱动力——将会继续以 ACA 前（或者甚至更高）的速率增长，而且保险覆盖的扩展速度也会比 ACA 的支持者们所预期的要慢。

（一）健康保险价格

政府在 NFIB 案中反复强调，个人强制令之所以必需，是因为 ACA 对保险公司施加了两项限制。其一，"确保事项"禁止保险公司因为过往的情况拒绝或者放弃提供保障。其二，"共同体价格率"要求参保人仅基于年龄、吸烟情况和地理区域设定保险价格，而不能对生病或者怀疑生病的人收费更高。二者结合来看，这两项对保险定价的限制会让年轻的、健康的人不想再买医疗保险，直到他们需要的时候才会买。因为不管怎样，他们生病或受伤时立刻就能获得保险覆盖（因为"确保事项"），而且保险公司还不能因为他们明明确定将会要求一大笔补偿金额而对他们收更高的保险费（因为"共同体价格率"）。个人强制保险是为防止年轻人和健康人放弃投保而设计的。

假如年轻人和健康人真的离开了支付保险金的保险群体，保险价格将会飞涨。因为健康保险价格是基于受保障的人口获得医保金的可能性来制定的。年轻与健康的个体（补偿金额较低）在这一群体中所占比例越高，由此得到的保险价格越低。反过来，当年轻人和健康人都放弃投保，使得购买保险的群体平均更老、更脆弱的话，保险价格将会上升。而且，很自然地，保险价格上升得越多，相对健康的人就越有可能放弃投保。那么，对不买保险的有效惩罚，就必须能够防止"反向选择"，并且保证 ACA 规制下的保险政策仍然能够让人支付得起。

但如果设定得过低，罚金就没有威慑力了。比如，一个停车位需要花 1 美元，但不停在停车位需要支付的罚金只要 25 美分的话，谁会把车停在停车位呢？除非不停在停车位的罚金的期望（罚款乘以被发现的可能性）超过 1 美元，否则把车停在停车位里都是不理性的。

ACA 造成的状况与此相似。因为不投医疗保险的法定罚金相当低，比投保的成本低得多。正如罗伯茨法官观察到的：

> 年收入 35 000 美元的个人，假如他不投保的话，他每个月需要交给 IRS 大约 60 美元的罚金。年收入在 100 000 美元的人则大约是 200 美元。而合格的保险政策大约需要每月 400 美元。

对于一位年轻健康的人来说，在这种情况下，即在他需要健康保险前每个月只需支付 60 美元的罚金，而当他需要保险时只要联系医保公司就能够以与其健康状况不相符的价格（因为"共同体价格率"）获得医保覆盖（因为"确保事项"），让他每个月为健康保险支付 400 美元是不可能的。

到现在为止，这一分析没有把 ACA 为购买医疗保险提供的补助考虑在内。收入在联邦贫困水平（FPL）4 倍以内的家庭就可能满足在遵循 ACA 的州交易所购买医保获得补助的标准。但有两个理由让我们相信，即使有这样的补助，许多年轻人和健康人仍会不再购买健康保险。首先，这些补助太少了。对于满足补助条件的四口之家（收入在 FPL4 倍以内）而言，不买保险而付的罚金不会超过 2 085 美元（经过调整通胀率得到的 2016 年水平）。相比而言，补助后的保险需要实际支付的成本会大大超过那个金额，除非是最贫穷的家庭。表 1 列出了对于不同的家庭收

入水平、收入百分比的最大值和家庭在 2016 年需要为保险实际
支付的数额、两种方式（购买保险或付罚金）下家庭支出的百分
比差额，以及家庭的可能决策。

表 1　不同收入对罚金与保险决定的影响

家庭收入 （美元）	保险支出占收入 最大比例	报销支出 金额（美元）	保险成本 占罚金比例	可能的 决策
35 000	3.97%	1 388	67%	买
40 000	4.96%	1 982	95%	买
45 000	5.94%	2 672	128%	不买
50 000	6.77%	3 385	162%	不买
55 000	7.52%	4 135	198%	不买
60 000	8.23%	4 937	236%	不买
65 000	8.85%	5 751	276%	不买
70 000	9.47%	6 626	318%	不买
75 000	9.50%	7 125	342%	不买
80 000	9.50%	7 600	365%	不买
85 000	9.50%	8 075	387%	不买
90 000	9.50%	8 550	410%	不买
95 000	无最大值	全部成本	400＋%	不买
100 000	无最大值	全部成本	400＋%	不买

正如表中显示的，除了收入水平最低的家庭以外，健康状况
好的家庭选择退出保险、支付罚金，直到需要时再加入保险体系
是更明智的决定。事实上，在 2016 年之前，即使是表中收入水
平最低的两个水平，放弃投保也是更好的选择。因为不投保罚金
将在 2014 年到 2016 年间逐渐实行（2014 年仅为 285 美元，2015
年为 975 美元），它们本身就比一项合格的保险政策的实际成本
要少。那么，即使是低收入的健康家庭也会在 2014 年和 2015 年
退出投保群体，将留在投保群体中的人的保险价格推高。

除了金额过低以外，购买保险的补助在许多州可能还无法实

施。ACA 法案文本只对从各州自愿建立的交易所购买的保险进行补助。尽管 ACA 法案的支持者一厢情愿地假设所有的州都会为了给它们的公民提供补助而自愿建立这样的交易所，相当多的州（本文撰写时为 36 个）要么宣布不会建立州交易所，要么在这方面没有什么行动。IRS 表示，对于没有建立自己的交易所的州，从联邦交易所购买保险也能够获得补助。它们认为，扩大补助是与法规的目的相一致的。但总的来说并不明确，因为立法的历史显示，国会通过州交易所提供补助的目的只是为了鼓励各州建立和管理这种交易。在任何一个例子中，局限在州交易所补助的立法语言都相当清楚，而且法院总的来说会反感将法律条文的所谓的目的凌驾在它文本的清晰性要求之上，尤其是当国会的意图比较模糊的时候更是如此。

那么，最后的结果就是，ACA 设定的罚金太低，即使在有法律规定的投保补助条件下，仍不能保证使年轻健康的人购买保险。ACA 的支持者当然明白强制实施"确保事项"和"共同体价格率"所带来的副作用，也肯定意识到了罚金过低，无法阻止广泛存在的反向选择。然而，他们很可能会觉得，罚金不足以致保险无法实施的问题只是一个"漏洞"，在法案开始实施并运行之后国会就能够解决它。在针对 ACA 的辩论中，支持者需要罚金数额设定较低，以保证其能够通过政治手段操作法律条文；他们觉得他们能够在之后修正罚金不足这一问题。

然而，NFIB 案的裁决限制了国会在医保运行受阻时提高罚金的能力。罚金数额小是主法官罗伯茨所说的以宪法目的将罚金转化成税收的三个因素之一。他解释道：

> 根据宪法目的，这一共同责任支付会被看做一种税收而非罚金：首先，对于大多数美国人来说，到期需支付的金额比保险的价格低得多，而且，根据条文，这一金额也不可能再升高了。不像 Drexel Furniture 一案中"警钟禁令式"的财务惩罚，支付这一罚款金额而不是购买保险，在大多数时候都是一个合理的财务决策。其次，这一个人强制令不包含主观故意的要求。最后，这笔钱完全是由 IRS 通过正常的税

收渠道收缴的——除了 IRS 不准用这些手段进行惩罚性制裁，例如刑事诉讼。

这一解释表明，从宪法角度看，只有当其金额足够小，以致几乎毫无作用时，未投保罚金才可以被当做一项税收。NFIB 一案因此将本来是 ACA 中的一个"漏洞"变成了法规的一项"特色"——该法规成为国会权力的一次合法实现的必经之路。失去了大幅提高罚款金额的权力，国会唯一能够迫使年轻的健康的人群购买保险的手段只有提高保险补助，使得保险的实际支出与罚金期望值在同一水平上。考虑到美国可怕的财政现状，几乎可以肯定，国家没有实行这一手段的政治意愿。然而，有些讽刺的是，NFIB 案裁决在将 ACA 从合宪性质疑解救出来的过程中，可能已注定了它的失败。

（二）基本医疗费用

"确保事项"和"共同体价格率"的可怕组合，以及受到宪法制约的无投保罚金还并不能注定 ACA 完全失败，假如它能够显著地降低医疗成本的话。尽管反向选择会产生一个风险相对更高的投保者群体，但每一个受保障者的医疗成本的降低可能可以抵消受保障需求数量的增加，使总的医疗成本（以及由此产生的保险价格）下降。不幸的是，ACA 在降低医疗成本方面基本上没有任何有效行动。事实上，它反而很可能使基本医疗成本上升。

ACA 为限制医疗保障成本而实行的基本手段有：

1. 为深入挖掘"浪费、欺诈和滥用"增加的资金支持。

2. 对医疗收费进行的价格控制（由独立支付顾问委员会，也就是人们熟悉的 IPAB 进行管理）。

3. 为发现哪种手段成本更低而推行的比较效果研究。

4. 为鼓励预防性医疗的措施。

5. 对"问责保健组织"（Accountable Care Organizations，ACOs）的授权，这一组织是获得一定财务激励的医保机构的联合，目的是消除冗余、不必要的检查等。

6. 对由于雇主过于慷慨而无视医保价格、过多消费医保服务的消费者征收一项消费税。

可惜，以上手段没有哪个能够显著减少医保成本。减少浪费、欺诈和滥用的想法可能对减少成本有些作用，但政府官员已经与浪费、欺诈和滥用斗争了几十年，我们几乎没什么理由相信现在这个特定的做法就能够取得成功。IPAB 的意见只能影响医保开支，而且很可能导致要么医保受益者获得的服务减少，要么对无医保的顾客实行价格歧视，为了弥补医保削减的开支而在无医保顾客那里收取更高的费用。比较效果研究可能是个好想法（不管怎么说，信息有着公共产品的特点，而目前数量远远不够），但这样的研究只有在医疗保障的提供者确实将它运用在医疗决策中才能发挥减少成本的作用。考虑到医生往往认为他们的病人是个例，不应该局限在"现成的"治疗方法下，而且获得医保的病人也几乎没有动机去要求他们的医生遵循最经济的疗法，我们很难相信比较效果研究会大幅减少医疗成本。ACA 的预防性治疗措施也一样，这样的措施主要是推行体检计划等，或者强制保险公司提供免费的预防性机制。（由于下文提到的具体理由，强制对所有的预防性手段进行保险覆盖，长远来看很可能增加这些手段的成本。）对于 ACO 来说，本是竞争关系的医疗机构的联合所带来的开支缩减的金额肯定会因这种联合所带来的串通抬价而削弱。考虑到 ACO 成员串通抬价所带来的好处会超过任何通过合作获得的"共同节流"，ACO 条文所鼓励的竞争者之间的合作更可能提高而不是降低医保提供者的价格。剩下的就是针对格外慷慨的医保政策施加的消费税了。由于后面会给出的理由，这一税收是个不错的想法，但好处实在有限。

当我们考虑医疗保险费用背后的医疗成本时，ACA 法案令人难以容忍的是它完全没有指出医疗保险价格膨胀最基本的驱动作用：医疗服务提供者们之间缺乏价格竞争。在完全竞争市场上，为了争夺顾客，价格会被拉到与生产者的增量成本相一致（通常随着科技发展和细分程度的提高而下降。）但只有当降低价格能够带来更多的生意时，生产者才会这么做，并且只有当顾客（起码是对价格最敏感的"边际顾客"）确实以实际价格消费时，更低的价格才能够促进销量。当有第三方为消费者买单时，顾客不会因为价格因素而决定在哪家消费。因此，医疗保险是在让消费者变得对价格不敏感，也由此损害了医疗服务提供者在价格上进行竞争的动机。

随着医疗保险从仅仅覆盖突发的和重症情况的开支（如紧急手术和未预期住院）转变为甚至连可预计的、花费低的服务（如门诊和注射疫苗）也覆盖在内，而且共付额也慢慢削减或取消，消费者在选择医疗服务提供商时将价格因素考虑在内的动机实际上已经消失了。这样一来，2005 年哈里斯民调调查了 2 000 名有医保的成年人，他们发现，受调查者预测一辆本田雅阁的价格与实际差额平均仅在 300 美元以内，但预测 4 天住院所需花费却与实际偏离了 8 100 美元，这样的一项民调结果也就不那么令人惊讶了。既然别人在买单，为什么还需要去调查价格是多少（或者拒绝价值不高的服务）呢？既然顾客做消费决策时总是无视价格，商家又有什么必要降低价格（或者不再推荐没什么价值的服务）呢？

当顾客需要自己为医疗服务直接买单时，情况就完完全全改变了。例如，来看一下基本上不被医保覆盖的 LASIK 眼科手术吧。1999 年，这一手术的价格平均为每只眼睛 2 106 美元。到 2010 年，尽管技术获得了长足进步，但这一治疗的平均实际价格（1999 年水平）下降了 21％，降到了每只眼睛 1 658 美元。类似地，尽管科技进步，需求也上升，但整容手术的价格却随时间不断下降。2009 年之后的三年里，进行激光磨皮的男性增长了456％，女性增长了 215％，但价格却在名义水平上下跌了。在需求大幅增长之前，手术平均成本为 2 317 美元；到 2010 年下降到了 2 232 美元的名义价格（实际价格下降了 18.5％）。与此形成对比的是，医药服务的价格总体上随时间激增。从 1999 年到 2010 年，在 LASIK 价格下降了 21％的这段时间里，医疗服务的实际价格却升高了 22％。是什么导致了这样的价格趋势差异？很大一部分原因是，消费者支付 LASIK 和整容手术的钱必须从自己的口袋出，因此必须要考虑价格因素，而由此带来的激烈价格竞争产生了这样的结果。

给医疗保障的改革者的教训是，假如我们想要阻止医保成本不断向上攀升的趋势——美国长久以来的医保危机的真实来源——我们需要拿出措施来激励商家在价格上形成竞争。扩大医保覆盖范围帮不上什么忙；这样的扩张甚至会让顾客对价格更加不关心，而且会让医保服务的商家对不必要的或边际效用不大的医保服务抬价更厉害。

有一个更好的政策能够鼓励消费者在更大比例的医保服务上直接买单（从自己的口袋里掏钱），进而使商家形成价格竞争。提高可扣款和共付额，同时通过维持具有税收优势的健康储蓄账户来鼓励消费者更多地进行直接买单，这样的做法就能够发挥作用。然而，目前的政策却在打压高可扣款、高共付额的保险计划。现在，税收是加在雇主对医保的投入而非个人自己的支出上。这就导致雇主会降低（工资会被征税）工资，代之以更慷慨的具有税收优势的医保福利（即较低的可扣款，较低的共付额，多种花费不菲的服务覆盖）。这些慷慨的福利，反过来又会抑制价格竞争和消费者更合理、更经济的医保选择。

ACA 的支持者们明白这个道理，就像克里斯蒂娜·罗默（Christina Romer，曾任奥巴马经济顾问委员会主席、ACA 缔造者之一）所评论的，过于慷慨的保险计划会"让美国家庭对医保产品消费不够警觉"。法案对最慷慨的雇主买单计划施加消费税是向正确的方向前进了一步。不过，ACA 的支持者们错过了一个消除不公平征税的机会，这样的不公平税收待遇仍会诱使雇主用慷慨的保险福利取代工资的提高。另外，通过强制保险计划在没有共付额的情况下完全覆盖所有的预防医疗服务，这项法案会进一步加剧价格竞争不足的问题。假如不管价格多少，消费者们都不需要为预防性医疗服务付费的话，他们就没有动机去选择相对更加经济的服务，服务提供者们也因此没有动机去进行价格竞争。汽车保险商明白这个原理。他们没有稍稍提高保险价格，然后把保险内容覆盖到日常的加油行为，即便经常加油会预防在途中产生的高成本；这是因为他们明白保险覆盖会破坏厂商间的价格竞争机制并抬高加油的价格。由于同样的原因，ACA 强制保险公司完全覆盖所有的预防性健康服务的规定必然会提高这些服务在未来的价格。

（三）保险覆盖面

正如前面提到的，ACA 的制定者选择追求更高的保险覆盖面而不是更低的医疗费用。然而，根据 NFIB，这一法案并不太可能如它的支持者所希望和承诺的那样扩展覆盖面。

首先，包括几个人口大州在内的许多州都很可能不会按照法规中规定的那样扩大医疗补助。回顾一下，对于那些没有把医疗保障配额覆盖到所有收入在 FPL 的 133％以内的家庭和个人的州，NFIB 的论调之一是国会不能砍掉它们所有的联邦医疗补助基金（因为这样就成了不被允许的"霸占"行为）。相反，国会甚至连扣押不服从要求的州的扩张基金都可能做不到。扩展基金的"胡萝卜"跟取消所有的联邦医保基金的"大棒"比起来太微不足道了，而且许多政府官员——不管是民主党还是共和党——都对扩大医疗保障配额表达了保留意见。考虑到联邦补助对扩大了配额的州十分慷慨（一开始 100％的资金扩充，到 2020 年降为90％），大部分州政府都很可能服从这一扩展要求。不管怎么说，由州内公民支付的联邦税金最终被用来支持扩展基金的财政，投票者因此很可能要求获得这一基金的一部分份额。另一方面，许多囊中羞涩的州的官员担心，在未来，国会会减少对扩展配额的联邦的补助，把允诺的扩展福利的重担全部放在各个州。这些官员可能会决定不扩大他们州的医疗保障配额，使得许多不符合传统医保的公民仍然没有保险。因为保险费补助仅对收入在 FPL 的133％到 400％的个人和家庭适用，那么收入在 FPL133％以内的人也不符合保险费补助标准。

保险覆盖程度可能也会使人失望，因为 ACA 会引发雇主取消低收入员工的保险计划，这些人大部分也不愿意自己买保险。正如之前指出的，联邦税收法典目前对由雇主提供的医疗保险福利豁免税收。这一豁免的金额差不多相当于一项等于所付税率加上雇员的边际所得税率的补助。因为高收入员工比低收入员工需要使用更高的边际税率，这一类似补助的款项对他们来说更多。另外，假如雇主不提供保险的话，收入超过 FPL400％的员工买保险时将不会获得补助。相比而言，低收入的员工从雇主提供的健康保险的类补助中收益较少，假如他们的雇主不提供保险福利，这些人将能够从州交易所途径获得慷慨补助，因此这样的人就会更愿意为不提供医保福利的雇主工作。雇主也会根据这样的偏好来争取工人。

来看这样一个例子：一个原本没有保险，收入在 35 000 美元的 45 岁的人希望获得一项在高成本地区，2016 年需花费大约 15 000 美元的家庭保险。如果雇主提供这份保险，这位雇员的年薪就会降到 20 000 美元（保险福利和工资间基本上是 1 美元对 1 美元的等价替代）。不过，这 15 000 美元作为保险而不是现金支付给他的话，他就不需要支付大约 3 400 美元的联邦收入、社会安全以及医疗保障的税收了。另一方面，假如雇主不提供医疗保险，需要雇员自己去州交易所购买的话，这位雇员可以获得大约相当于 13 600 美元的联邦补助。在 3 400 美元的税收补偿和 13 600 美元的交易所补助之间，他肯定会选择后者。假如雇主雇用了超过 50 名员工，而且不给他们提供保险，那么雇主将会为超过 30 名之后的员工受到每名员工 2 000 美元的罚金。然而，它仍很可能选择交这项罚金。雇主可以通过将每名员工的工资降低 2 000 美元来弥补，而且员工也会很高兴地同意这一安排。即使在工资削减 2 000 美元之后，员工通过只提供给没有雇主负担的保险者的补助也能够获得更大的好处。

但这一分析只显示了 ACA 会导致雇主放弃对低收入员工的保险覆盖。难道这些员工不会去州交易所购买有补助的保险吗？很可能不会。对于这些员工中的很大一部分来说，交罚金并等到有需要的时候才买保险是更明智的选择。例如，一个由 40 岁的单个人收入支撑四口之家要么需要为合格的保险支付 3 385 美元，要么需要交不买保险的 2 085 美元罚金。而且当有需要时，这个家庭总是可以获得 9 900 美元的补助金在州交易所购买医保。这一家庭的收入水平既低到没有雇主的医保时获得的好处更大，又高到足以使这个家庭实际的保险支出超过不保险的罚金。在这种情况下，这样的家庭可能既会失去雇主的医疗保障，也不会从州交易所购买保险。

　　当然，所有这些假设都建立在真的能够获得保险费用补助的基础上。因为上面阐述过的原因，ACA 似乎并不会对没有建立交易所，反而依赖联邦政府的州批准这一补助。这些州的雇主不会有很大的动机取消低收入雇员的保险，但没有雇主提供的保险的低收入者并不会买保险，因为这些州无保险罚金和保险的实际成本（无补助）之间的差额实在悬殊。

　　由于所有这些原因，NFIB 规范后的 ACA 法案不太可能将医保覆盖面扩大到它的支持者所预想的程度。

三、结论

　　尽管 NFIB 案的裁决避免了原本会大大削弱由宪法对国会权力的列举而使政府面临的宪法约束，但这一裁决使得 ACA 法案在很大程度上仍原封不动。不过，它施加的这些约束很可能进一步损害了本已经不在正轨上的条文的效力。在由 NFIB 修改和限制了之后，**ACA 很可能既推高医疗保险费用成本，也提高了其背后的医疗成本，而保险覆盖面的提高却连其支持者所承诺的程度都达不到。**

　　当然，这一严峻的形势是建立在 ACA 没有被废除或明显修正的假设上的。考虑到这项法案一直没有什么人气，它真的很有可能被废除。如果国会和总统能够将这一居心不良的法规废除，用着眼于困扰着美国医保体系最根本的问题（医保服务提供者间缺乏有效的价格竞争）的法律取而代之，那么形势就会好得多。对鼓励过于慷慨的医保政策，且医保消费者因此几乎无需实际支出的税收法规进行修正，将是向着解决美国医保体系面临的最大问题迈出的出色的一步。

扩展阅读

Matt Palumbo, 2011, "How the Free Market Can Cure Health Care", *American Thinker*, December 17.

A. Mitchell Polinsky and Steven Shavell, 1998, "Punitive

Damages: An Economic Analysis", *Harvard Law* Review, Vol. 111.

Jonathan Adler and Michael F. Cannon, "Taxation without Representation: The Illegal IRS Rule to Expand Tax Credits under the PPACA", *Health Matrix: Journal of Law-Medicine*, forthcoming.

Joe Miller, 2011, "The Proposed Accountable Care Organization Antitrust Guidance: A First Look", Health Affairs Blog, April 4.

John H. Cochrane, 2012, "The Real Trouble with the Birth Control Mandate", *Wall Street Journal*, February 9.

Avik Roy, 2012, "Why States Have a Huge Financial Incentive to Opt Out of Obamacare's Medicaid Expansion", *Apothecary*, July 13.

Timothy S. Jost, 2011, "Yes, the Federal Exchange Can Offer Premium Tax Credits", *Health Reform Watch*, September 11.

对恐怖主义的扫描检查

G. 斯图尔特·门登霍尔　马克·施密德霍弗*

众所周知，人们总是不善于判断小概率事件的风险。我们可能会担心被闪电击中，全国每年有大约 40 人因此丧命，但是我们却很少考虑驾车的风险，而每年死于交通事故的人数大约为 35 000 人。即使提供观测到的事故发生率的统计数据，其结果也可能是令人疑惑或者有时是不直观的，因为相对的计算和估测每分钟的发生频率是很难把握的。这可能导致个人作出欠妥的决定，例如高估受伤的风险从而投保过多的保险。然而，在进行公共政策决策时，对风险的错误判断可能产生深远的影响，因为失当的关切会对民众带来不便甚至造成伤害。

在医疗领域，我们通常利用统计分析来评估对患者进行疾病筛查是否适当，即使对一个领域的行家里手来说，依赖直觉和估计也是难免有缺陷的。在多数情况下，这只影响一小部分人，而且这取决于医生、公共医疗官员和统计学家设计一套方法来诊断并治疗病症。就表面情况看，问题看起来很简单：为什么不对每个人进行筛查呢？对一个人或者人群进行筛查可能产生什么负面影响呢？

---

* G. 斯图尔特·门登霍尔（G. Stuart Mendenhall），美国心脏学医师及心脏电生理学家，同时担任匹兹堡大学医学中心助理教授；马克·施密德霍弗（Mark Schmid-hofer），临床心脏病专家，并担任匹兹堡大学医学中心副教授。

译者辛辰，上海金融与法律研究院研究助理。

　　不幸的是，在现实生活中没有什么诊断——不论是医疗还是其他方面——是免费的。所谓"免费"，我们不仅仅指无需支付金钱，还包括不适、挣扎或是对于接受检查或者履行程序的个人承担的受伤害的风险的代价。举个例子，为了诊断癌症所做的CT扫描检查可能会引发癌症，就像 X 光检查有可能——尽管可能性较低——破坏 DNA。如果癌症不是如此多发，或者早期诊断并无太多益处，那扫描所存在的低概率风险就可能不会被重视。同样地，对一位患者来说，不必要的扫描检查带来的痛苦或不适可能比较低的患病概率更甚。我们必须谨慎地判断低风险事件，平衡各种风险，权衡它们相对的有利和不利条件。

　　诸如广泛筛查方法的应用的政策决定是很难客观作出的，然而，这又恰恰是作出基于事实、避免基于错误假设和认知的扭曲决定所必需的。例如，美国每年的前列腺癌发生率约为 180 000 起（每年的诊断数），而每年因此致死人数为 29 000。许多此类癌症可以通过直肠检查或是简单的血检查出，因此，粗略来看，医生要求对所有男性进行筛查是很自然的。事实上，一些群体对通过公共服务宣传推介扫描检查下了很大工夫，伴以极煽情的话语"如果你爱你的另一半，你就会让他接受扫描检查"。然而，这一检查的单一针对性意味着很多人的检查结果是好的，并未检测出前列腺癌，或是检测出非常良性的结果。然后他们可能不得不接受不必要的激进的疗法，包括活组织检查和手术，并且遭受失禁和阳痿的痛苦。许多人可能会死于其他原因，比如老龄化或是另一种医疗情况，而不是生长缓慢、如今却被查出的前列腺癌。扫描造成的屈辱和痛楚可能事实上比疾病本身更糟。仔细查看过广为散播的扫描所造成的后果，美国预防服务工作小组并不建议男性做例行的前列腺扫描。

扫描检查在现实生活中从来都不是完美无缺的。每次检查的准确性，以及各种类型的失败或误诊，可能与被明确定义的方法特征密切相关。世界卫生组织在1968年的出版物《对疾病扫描的原则和实务》中正式将其形式化，这是具有里程碑意义的规范，直到现在仍然是检查罕见疾病的基石。其核心度量概述了对性能的分析，从而验证扫描检查是否能广为传播并应用，即其有效性、可靠性、收益、成本以及民众的接受度。在本文中，我们将就以上每个方面进行细节讨论，因为它们也适用于另一种对今天的公众产生影响的扫描形式：针对恐怖活动的机场扫描程序。

美国运输安全管理局近日开始增加另外的"一层扫描"，旨在检测基于"行为检测"的恐怖主义活动。新的扫描制度组成了一个聪明的首字母缩写"SPOT"（Screening Passengers by Observation Techniques 的缩写），即利用对旅客几秒钟的面谈来寻找表现出"欺骗迹象"的"细微表情"。未能通过此次扫描的对象将被送去进行更高层级的扫描检查。这一计划目前将在波士顿的罗根机场和其他一些机场施行，但是如果这一计划显示出价值，就有为其更为广泛的应用准备的广告计划。

一、恐怖主义和托马斯·贝叶斯

正如概述所体现的，针对任何测试我们应该问的第一个问题是："这项测试有效吗？"也就是说，其性能如何？有多少次可能漏诊（假阴性），又有多少次可能过度误诊（假阳性）？就如同在医学测试中一样，现实世界中没有什么测试能完美地运作，因此在实际应用当中必须要进行权衡。一项测试可能会过于敏感或敏感度不足（敏感度意味着其能捕捉到其旨在检测的内容），同时其精准度也可能或高或低（精准度意味着很少捕获失当），但是要求现实生活中的检测达到 100％的准确度是不可能的。

然而，即使是极其优良的检测，当其试图检测小概率事件时，也会出现一个问题。这一问题最早是在 18 世纪由托马斯·贝叶斯（Thomas Bayes）提出的，并使得这一数学定理最终以其名字命名。该定理告诉我们在运用了一项不完美的检验以检测小概率事件时，我们对于事件发生与否能有多大的把握，不论是针对疾病还是恐怖分子。令人惊奇的是，当在评估中运用这一定理时，我们发现许多检验可能没有增加任何净效益，事实上，甚至可能造成损害，导致时间和资源的浪费。

贝叶斯定理表明，某一事件实际发生在检验的正相关结果的概率等于检验结果正相关情况下事件发生的概率（这是一种针对敏感度的检验），乘以事件实际发生的概率，除以呈现正相关结果的总的概率。

为了更好地使这一方程具体化，我们首先需要定义一些术语。真阳性率是指人群中实际会产生导致阳性检测结果的比例。假阳性率是指，没有产生事件的人们却显示出异常（阳性）检测结果的比例。某一事件的普遍性是指受测人群中实际产生事件的比例。对条件概率的数学速写法是 P（A｜B），读做"在 B 的条件下发生 A 事件的概率"。就恐怖主义而言，我们可以利用贝叶斯定理来表示利用运输安全管理局的新的行为检测扫描来鉴别恐怖分子的概率如下：

$$P（恐怖分子｜异常行为）=$$
$$\frac{P（异常行为｜恐怖分子）×P（恐怖分子）}{P（异常行为｜恐怖分子）×P（恐怖分子）+P（异常行为｜非恐怖分子）×P（非恐怖分子）}$$

随着恐怖分子的出现率趋向于零，该检验的值也随之降低，同时任何实际阳性结果（TSA 面试官的良好检测）的概率也会快速趋近于零。相似地，如果假阴性率（检测失当的阳性结果）比出现率高得多，检验的值再一次迅速减少。这可以解释为什么很多扫描检测都不是非常有用。

让我们利用贝叶斯定理、一些近似值以及保守的假设来分析 SPOT。国内每天有 200 万航空旅客。在过去的 11 年间，有 19 个"9·11"恐怖分子、1 个内衣炸弹和 1 个鞋炸弹没被检测出来。这意味着在过去 11 年中，21 个积极参与恐怖活动的人搭乘了美国的飞机。为了让计算更简单一点，让我们大幅增加恐怖分子的数量，例如在 10 年间有 50 位恐怖分子搭乘美国航班。也就是说，如果在搭乘航空公司航班的乘客中随机挑选一人，那么存在一个正在执行恐怖袭击任务的恐怖分子的概率是：

$$50 \div (2\,000\,000 \times 365 \times 10) = 0.000000007$$

现在，假设我们的扫描检查官非常优秀并且有能力在数秒钟的谈话中正确鉴别 99％的他们所见的恐怖分子，则真阳性的概率是 0.99。同时假设普通个人中有低到不现实的 1％的概率是"紧张的乘客"，他们无法通过面谈，即使他们完全无害，或者扫描检查官的先入为主的偏见使得他因为某些特征将这些乘客假定为恐怖分子，并因此对他们进行标记，则假阳性的概率是 0.01。那么，一个恐怖分子在行为检测中被标记出来的概率是多少呢？利用贝叶斯理论可以得出：

$$(0.99 \times 0.000000007) \div [(0.99 \times 0.000000007) + (0.01 \times 0.999999993)] = 0.00000069$$

因此，即使有特别优秀的面试官，如果有人未能通过行为检测，他（她）也只有 150 万分之一的概率是一个真正的恐怖分子。展示这些方程告诉我们只有在一个非恐怖分子没有通过检测（被失当标记了）的概率接近其确实是一个恐怖分子的概率——也就是说在极低、接近于零的情况下，检测的值才会大量增加。

我们可以通过参考对类似的程序观测到的表现来推测 SPOT 检验更为实际的表现估计。正如很多人所熟知的电影和电视中描绘的，并且偶尔会在实际的调查工作中使用的测谎仪检测很多生理参数，包括心跳和呼吸频率、血压以及皮肤电传导以判断受测对象是否在说谎。这些参数都会在检测过程中以及数据收集完成后进行评估。尽管有这样广泛的分析，但是其功效无疑是低下的，并且该检测的准确性仍然存在颇多争议。许多专家觉得该检测总体的准确性，正如其在应用中体现的那样，几率并不高。对该检测总体的敏感度和准确性的相对宽松的估计在 80％的水平。

一台测谎仪检测需要许多传感器并历时数个小时。如果运输安全管理局的短期行为检测计划具备一台完整的测谎仪的准确性，那最理想的假设就是，如果面试官准确地捕获了100%的真实的恐怖分子，那一个被检测标记的人事实上确实是恐怖分子的概率仍然只有11 500万分之一。

上述分析是极端宽松的，尤其是其基于的假设，事实上SPOT检测的敏感度和准确性似乎并不高。2008年，美国国家科学院下的国家研究委员会表示，"在相关的科学界以及委员会中还没有就任何行为监视或生理监测技术已经为在反恐环境下使用做好准备这一点上达成共识"。一份政府问责办公室的报告评估了运输安全管理局自身的记录，也得到了相似的结论。

> 据运输安全委员会的消息，面试官在机场行动的诸多事例显示了SPOT项目使得航空系统安全系数增加了。然而，因为SPOT计划还没有在科学上得到验证，目前仍然不能确定运输安全管理局引证的各类结果是否比随机抽检乘客的效果更好，更不能证明这就是以后面试官进行扫描检查一定能达到的效果。

警探通常能理解贝叶斯定理背后的概念，即使他们可能不知道数学或定量的公式。当他们在搜寻谋杀犯时，警方做的第一件事就是利用情报工作、调查以及传统的警务工作来缩小嫌犯的范围。他们会运用常识，并且不会在那些很快就能在逻辑上被排除的人们身上浪费时间。没有警探会让国内的公民排成队一个个地对他们进行测谎或录音谈话——先期检测的概率是很小的，即使运用这些检测手段，"阳性"结果也会以假阳性为主。很多无辜的民众在警察周围会觉得紧张，而很多罪犯却会是平静、健谈的对话者。相似地，利用测谎仪"扫描"许多人，即使是在嫌疑犯当中，也明显是一项愚蠢的行为。该检测具有不完美的敏感度：犯人可能通过检测，而一些无辜的人却无法通过。可能任何"高危"的检查结果都不包括谋杀犯，而恰恰使罪犯逃脱，导致调查官将注意力聚焦在检测结果为阳性的那一组群体中，而其中却只有无辜的群众。因此对存在缺陷的检测的任何程度的依赖都可能会严重削弱鉴别罪犯或恐怖分子的概率。

二、可靠性和性能

在有效性之后，一个好的扫描检测的第二个重要特性是可靠性。这意味着检测是可以不断重复的，并且在每次应用时都能给出大量相近的结果。基于运输安全管理局给出的受测人员的特征，我们很难知晓是否所有的扫描检测者都能得出相近的结果，因为几乎没有办法可以将乘客对面谈的投入和回应"标准化"。在这样的情况下可靠性是很难判断的，但是考虑到 SPOT 检测的主观特性，其可靠性应该不太高。

对于扫描检测的第三大要求就是其能在现实世界中体现其性能，达到好的结果。举个医学方面的例子，有很多患者在结肠镜检查中查出了早期结肠癌，从而挽救了他们的生命。当这些报告被分类并进行系统化的分析时，他们给出了可靠的数据支持利用侵入性的结肠镜检查来进行早期的结肠癌检测——因为就这项侵入性检查而言，其拯救的患者比其给患者造成的伤害要多得多。大规模的数据检查确认了除了被广为宣传的成功案例以外，这些检测事实上也是有用的。与此相反，通过面谈和常规部属的身体扫描检查至今都没捕获一个恐怖分子，其成果是零。当然，这样的直接对比是有局限的——结肠癌不会被结肠镜检查"赶走"，但是这是建立在假定侵入性的机场检查惯例可能对于恐怖主义产生了很难精确地评估的威慑效应的基础上的。

（一）成本和效益

扫描检测的第四条原则是要解决成本的问题。初涉经济学的学生会听到"破窗谬论"。这是一项思维实验，是政治理论家弗雷德里克·巴斯提亚特（Frédéric Bastiat）在 1850 年的一篇论文中提出的，讲的是在一个经济萎靡的小城，一个小孩不小心打碎了一个商店的窗户。窗户随后被修好了，这为当地的窗户维修工提供了就业机会，然后老板从涂料分销商那里买了涂料并且雇用了劳力来清理周围的损毁物。有人可能会说这个男孩应该被表扬，因为他刺激了经济，为他的社区提供了就业机会。

这一谬误的核心是其将处理就业和经济情况割裂开来而没有考虑到整个社会，其中没有说明花费在这一单独项目上的内在的机会成本。这些人花费在维修窗户上的金钱和时间本可以是他拓展或投资在城镇其他地方的资源。同样地，与此相对的是，在反恐领域我们无端花费的每一分钱，就等于从原本可以更为有效的努力方向抽走了一分钱，与之类似的情况包括国内的项目诸如道路、学校以及基础设施的建设和修缮、对教育和科研的资助，抑或偿付美国的债务。当然，该项目的益处可能部分地通过对安保雇员的低准入门槛的准备雇佣形式的有效性上得以实现（一位期望中的运输安全管理局的干事可能在服务、建筑或者其他生产性行业中都会失业或者不称职），同时作为一种经济刺激和增加就业的形式，该计划可能会相对有效。然而，对于作出投资一个在其他方面已被论证为无效的项目的决定来说，这只是权衡中的一部分的减少。

很明显这些成本都是琐碎的，同时也使得其他可能借助增加的资助而得益的政府部门显得渺小了。运输安全管理局于 2011 财政年获得的预算是 81 亿美元，比前一年的 78 亿美元有所上涨。对比之下，美国交通运输部 2011 年的预算需要用于现代化从地面雷达到卫星/GPS 定位等对于持续确保拥挤的空域安全的空中交通指挥系统，即使这样，预算也只有 11.4 亿美元。和其他领域对比，美国国家艺术基金会——经历了多年的削减之后，在 2011 财政年的预算是 1.54 亿美元，比 2010 年的 1.675 亿美元进一步下降。

（二）信任当局

对于一项成功的检查来说，第五个也是最后的要求可能也是最为重要的一个。一项扫描检查，不论是针对肿瘤、肺结核还是恐怖分子，在被广泛应用之前都应该被民众中知情的成员所接受。在此，一如惯例，运输安全管理局从公众对其工作的尊重中大为获益。绝大多数的旅客都默默地接受安全措施，因为他们信任该系统并且服从于社会支持的当局。

医生在处理医疗事务时也会受到类似的尊重，包括在建议任何医疗检查的适当性的时候。然而，作为对公众信任的回报，医疗专家们有义务对应用的检查进行深入的分析，而且要公布并运用产生的认知结果。内科医生试图汇聚他们的数据以在决定公共卫生事务时提供公平的分析。通过从不对公众隐瞒发现或者数据、外部科学或者专家的评估，我们"赢得"了信任，并作为那些信任我们的人们的代理人将这份信任合法化。与此截然相反的是，运输安全管理局没有报告关于任何形式的增强的或者基于行为的扫描检查的性能数据。他们最新发布于 2006 年的关于随身行李的报告显示，其在检测行李中的枪支和刀具时的失败率高达70％，在此以后，运输安全管理局就停止了公开任何检测数据。

在媒体方面已经有无数的针对运输安全管理局扫描检查的长时间等待的抱怨，以及由于侵入性搜身产生的被侵犯感，对于未曾检测的电离辐射对人体放射的影响，还有人们脱鞋通过安检的时间所丧失的生产效率。由于对他们的检查所涉及的真实概率缺乏认识，SPOT 计划的扫描检查官可能在很大程度上高估了出现"阳性检测"的概率——即某人表现的"紧张"或者"诡诈"——就是对机场安全的实际威胁。现在仍然不知道，如果让必须接受扫描检查的乘客们知道该检查的性能，他们是否还会接受。

三、结论

"多层安保"能有效防止恐怖分子袭击确实是有道理的，并且如果各项检查是相互独立的，那检测的概率也会成倍增加。这些安保层级给人们带来不便，不能大到让人们宁可忽视增加的那一点安全收益。一台金属探测仪可以极度精确，而 SPOT 计划的检查官可不行。

基于这一概念，我们相信美国人不应该忍受对所有乘客的面谈检查。这很显然不会让我们的机场更加安全，但是却会产生巨大的成本。"行为侦测者"的潜意识传递产生的系统性歧视存在很现实的风险，包括一再困扰"紧张的飞行乘客"，以及使得检测退化成种族主义或基于宗教信仰的扫描检查。

正如我们在此文中所指出的，要批评一个人或者机构是非常容易的，而提出补救措施或者明确的改进方法就要困难得多。幸运的是，在机场扫描检查的案例中，存在着太多的漏洞，因此可以提出很多具有成本效益的补救措施。根据现行的运输安全管理局的程序，国内航班在起飞前并没有行李与旅客配对的措施，并且只有一部分的行李通过某种手段进行了扫描检测。眼下，将一枚大炸弹装在行李箱中带上国内航班是很有可能的，袭击者只要确认目的地，然后离开机场，行李有很大的可能性会直接装上搭载数百名乘客的飞机。很多的航班在没有利用唾手可得的 X 光或者 CAT 扫描技术对爆炸物进行 100％的扫描的情况下，同时搭载货物和旅客。这仍然是安全体系的一大漏洞。扫描所有登记了的行李是一个相对廉价的措施。我们在为此文进行的研究中很快就清楚地发现，旅客们知道机场"增加了安保措施"，但没有一个人知道扫描检查程序，更不知道行李就在他们座位下 10 英寸的飞机增压货舱中。

有一点需要着重引起注意，在医学中，从来不会对已经显现出症状的患者进行扫描检查。一旦患者出现咳嗽症状，那检查就会集中在针对治疗的诊断上，而不是无症状情况下的扫描检查。风险效益分析会显著改变，同时"验前概率"也预期会大幅上升。同样地，一旦对疑犯追踪的合理识别发生，适当的检查是合理的也是必需的，其可能包括面试或者加强的搜查。改进对情报收集的使用以找出"有症状的个人"可能会产生极高的利益。2009 年的"内衣炸弹"事件，引起了对身体扫描设备应用的反制方法的恐慌，而其是由嫌疑犯的父亲向中央情报局驻尼日利亚分支机构报告从而带进美国情报部门的，然而，他在没有接受特别的、有针对性的检查的情况下就被允许搭乘飞机了。常规的扫描检查程序没有检测出任何可疑之处。考虑到其低敏感度和应用扫描手段的持续随意性，如今"加强"了的扫描检查程序能否检测出他的内衣炸弹依然是个未知数。对高危个人进行几分钟的识别和检查或者检测有组织的恐怖主义是一种相对低成本、高效益的防止恐怖主义的方法。

我们永远不可能拥有绝对的安全；安全体系的漏洞实在太多，我们不可能把它们全都堵上。对于一个铁了心的炸弹袭击者来说，在体腔内藏匿爆炸物是微不足道的，就像很多贩毒分子所做的那样。很显然，常规的扫描检查无法识别这样的藏匿手段，然而逻辑上的检测方法显然是除了极小部分人以外的大众所不能接受的。一旦一个安全漏洞被堵上了，另一条"最简便"的大道又会被开辟出来。举个极端的例子，一个恐怖分子可以购买一架小型飞机并且冲向满载着燃料和旅客的排队等待着起飞的大型客机。有没有什么方法能阻止这样的情况？合理的机场警戒和对可疑航空活动的监测是可以接受的，但是最保险的方法——例如禁止私人飞机在运营商业航班的机场或者 B 级领空（覆盖主要的机场）起降或者飞行——将会产生令人难以接受的副作用。

我们必须扪心自问，我们愿意在小概率事件上贡献多少资源，同时，作为一个国家，我们应该聚焦高级别安保的成本支出所带来的回报。识别恐怖分子成员以及他们的计划、显著增加针对一些可疑个人的验前概率或者扫描所有已登记的行李，都是解决这些问题的有效途径。低收益、无效果并且成本高昂的方式（例如瞬时的读心术以及欺骗检测），或者具有相似的高社会成本的方式（例如广泛地、无目标地限制私人飞机或者对旅客高度侵入式的常规搜查）都必须避免。

在创建规则、方针以及州或联邦政府部门时，我们必须决定我们想要生活在什么样的社会中。我们可以忽略本杰明·富兰克林关于无法同时获得自由和安全的陈词滥调，寄望于公平的分析和在这方面的理性能说服善意的决策者并且对这些方法进行再次分析，而不是在恐惧、情绪或各种轶事的促使下作出仓促的决定。因此，我们必须在应用之前扫描这些检查本身的有效性，以免扫描检查使得国内民众产生恐慌并且无意中完成了恐怖分子想要达成的目标。失当的检查浪费了时间和财力，并且伤害了我们原本想帮助的人们。

墓地和殡仪馆，分还是合？

大卫·E. 哈林顿　贾里特·特里伯[*]

　　19 世纪，殡仪馆往往不仅仅是提供丧葬服务之所。许多殡仪馆还是家具店或马车出租行。那时候，很多城镇的死亡人数不足以支撑独立运营的殡仪馆。因此，本地的家具木匠很自然地就充当起了送葬者的角色。与之相似，许多马车出租行老板使用他们的马车运送货物，或者披上黑布后，把尸体运往墓地。

　　我们估计，在 1925 年之前，密歇根州和威斯康星州有超过 1/3 的殡仪馆是联合企业：3/4 的殡仪馆与家具店合作，其余的则与马车出租行合作。这些殡仪馆不只是提供葬礼服务，从而降低了成本，经济学家将这种现象称为规模经济。一面卖家具或拉货，一面提供葬礼服务的殡仪馆能够充分利用资本和人力资源，从而降低其运营成本——这样的话，店员们就不会无所事事地摆弄大拇指，木材店也不会闲置下来等着某个人死。

　　在疫情爆发期间，这些联合企业的家具木匠忙着做棺材，或者拉着马车向墓地运送尸体。当风调雨顺时，这些企业就花费更

　　* 大卫·E. 哈林顿（David E. Harrington），美国肯尼恩学院 Himmelright 经济学教席教授；贾里特·特里伯（Jaret Treber），美国肯尼恩学院经济学副教授。这项研究受到国际公墓、火葬和殡葬协会的资助。在他无偿发表了赞成威斯康星州《523 号议会法案》（Wisconsin Assembly Bill 523，一旦通过，这项法案将废除该州的反联合体法律）之后，该协会与他取得了联系。

　　译者张毛培，上海金融与法律研究院研究助理。

多的时间制造橱柜，运送货物。这是"最大负荷"问题的一个病态例证——当制造商的生意经历需求激增和低迷，需要随时维系昂贵的资本以满足激增的需求时，他们就会面临这个问题。现在，当气温飙升，人们纷纷启动空调时，电力生产商必须有能力应对需求激增的局面。同样，当疫情加重，许多家庭召唤送葬人的时候，殡仪馆需要具备应对需求激增的能力。

20世纪上半叶，小城镇演变为大城市，殡仪员开始参与丧葬准备活动的更多环节，殡仪馆随之解除了跟家具店和马车出租行的合作关系。与此同时，商业性公墓变得更加普遍，一方面是因为许多教堂和城镇墓地已经没有安葬空间了，另一方面是因为消费者愿意在新建的纪念馆和花园公墓中购买墓穴和墓碑。

一、现代联合体——殡仪馆和墓地走到了一起

随着时间的推移，殡仪馆的合作对象自然而然地倾向于墓地，而不是家具店和马车出租行。1934年，休伯特·伊顿（Hubert Eaton）在其位于加州格伦代尔的森林草坪纪念公园（Forest Lawn Memorial Park）内建造了一家殡仪馆，这是美国首家集殡仪馆和墓地为一身的企业。如今，这种现象已变得非常普遍，殡葬业的专业人士通常使用"联合企业"这一术语来指代既运营或拥有墓地又运营或拥有殡仪馆的企业。一些人甚至进一步缩短了这个术语，只是将它们简单地称为"联合体"（combos）。与之相似，一家独立殡仪馆现在意味着它位于墓地之外，而不是指它独立于马车出租行或者家具店。

联合体有两大优势。首先，相较于独立设施，它们可以更加有效地利用人力和资本，从而实现规模经济。比如，联合体可以共享设施。独立殡仪馆内往往处于闲置状态的洽谈室，可以被用来接洽墓地业务。此外，联合体或许消除了在两个地方（首先在独立殡仪馆，然后是独立墓地）收集相同信息的必要性。因规模经济而产生的成本节约随后或许可以传递给消费者分享。

第二个优势在于，消费者可能会多次光顾联合体。某些消费者可能会选择同时提供殡葬与墓地服务的单一联合体，因为选择单一联合体可以有效减少这个痛苦过程的时间。他们也可能有年迈的亲属，希望殡葬服务在墓地附近举行；或者由于居住在拥堵的地区，选择联合体服务可以使葬礼车队免于在拥堵的街道上缓慢爬行。

为了进行实证研究，我们使用《诺米司殡仪馆和公墓目录》（*Nomis Funeral Home and Cemetery Directory*）来确认全美各地的联合体。这本被业内人士称为"黄皮书"的目录几乎包含了全美所有殡仪馆和最活跃的公墓（即那些依然在销售墓地的公墓）。此外，我们还能利用来自公墓和殡仪馆行业的产权信息。

相较于殡仪馆，公墓隶属于联合体的份额更大一些，这是因为美国的公墓数量要比殡仪馆少得多。我们估计，在允许企业同时经营殡仪馆和公墓的州，4.4％的殡仪馆和13.2％的公墓隶属于联合体。但在一些联合体盛行的地方，这个比例出现了巨大变化。比如，在亚利桑那州，1/8的殡仪馆以及该州近一半的活跃公墓是联合体的组成部分。与之形成鲜明对比的是，密歇根州和威斯康星州没有联合体。

殡葬服务业正在向联合体的运营方式演变。《诺米司殡仪馆和公墓目录》显示，从2005年到2012年，联合体的数量增长了8.6％，这是一种正在受消费者需求和规模经济效应双重驱动的趋势。那么，一些州怎么可能没有联合体呢（尤其是考虑到联合体在全美各地日益增加的趋势）？只有一个机构有能力如此彻底地阻碍市场的自然演变，它就是政府。

二、州法律禁止联合体

密歇根州和威斯康星州毫不掩饰对联合体的看法。它们的法律明确规定，墓地不可以拥有或运营殡仪馆，殡仪馆不可以拥有墓地。威斯康星州规定，"墓地不可以允许其内部建造殡仪服务设施"，也不应该拥有此类设施的"权益"。密歇根州的法律与之相似：墓地"不得拥有、管理、监督，直接或非直接地维持殡仪服务设施"。

行业时事通讯《殡仪服务内参》（*Funeral Service Insider*）确认，特拉华州、缅因州、马萨诸塞州、新罕布什尔州、新泽西州、纽约州、罗得岛州和哥伦比亚特区的法律"使得一位所有者很难同时拥有一家殡仪馆和墓地"。这些州或多或少地推行以下法律：墓地和殡葬机构不能处于同一地点；企业不能同时拥有殡仪馆和墓地；墓地必须是非营利性组织；墓地不可以雇用殡仪员和尸体防腐工作者。

我们认为康涅狄格州和佛蒙特州也应该被添加在禁止联合体的州之列。这两个州很容易被忽视，因为你只有逐行仔细阅读相关法规，才能发现涉及联合体的条款。在康涅狄格州，墓地不能"为私人谋利"，不可以从事任何"通常由私人个体从事的"生意。佛蒙特州的法律对殡仪员的业务做了严格限制，同时禁止墓地从业者从事尸体防腐、销售丧葬用品和服务等活动。

11 个州和哥伦比亚特区的反联合体法律，使得企业或个人不可能在墓地内或墓地附近经营殡仪馆。这个数字在 40 年前更高。自那时起，伊利诺伊州、路易斯安那州和宾夕法尼亚州要么废除，要么被法院否决了各自的反联合体法律，同时也没有哪个州开始实施这项法律。

（一）联合体在哪里？

这本黄皮书并没有确定联合体，所以我们不得不自己搜寻。我们把殡仪馆和公墓的子目录合并在一起，然后根据邮政编码、姓名、街道地址和电话号码对其进行分类。大多数联合体很容易识别，因为殡仪馆和公墓使用相同的名称、电话号码和地址。要挑出其他的联合体则有些难度，于是我们不得不耗费数小时在卫星地图上寻找。我们相信，如果某个殡仪馆可轻松步行至最近的坟墓，那么它们很可能同属于一个联合体。

反联合体法律非常有效地禁止了联合体的出现。在实施这项法律的 11 个州，我们仅发现了 5 个可能的联合体。本文的一位作者参观了其中一家——位于康涅狄格州的玫瑰山殡仪馆和纪念公园（Rose Hill Funeral Home and Memorial Park），并询问购买墓地事宜。一位年轻漂亮的殡仪员指着墓地说："你需要去公墓办公室了解关于墓穴的信息。"我故作疑惑地问她："你为什么不帮我一下呢？"她回答说："从技术上讲，我们是两家不同的公司。我不能跟你谈与墓穴有关的事情。"几分钟后，我向一位身着布满尘土的工作服、头发斑白的老人了解墓地信息。当我问他丧葬服务的价格时，他一边指着车道对面，一边说："我不能告诉你这些事情，但他们能。"由此看来，玫瑰山并不是一个真正的联合体，因为它没有共享设施和人力。另一个潜在的联合体——密歇根州纪念公园（Michigan Memorial Park）——亦是如此。

（二）四城记

图 1 形象地显示出反联合体法律对殡葬市场产生的戏剧性效果。上面是两个同样大小的大都市统计区（MSAS）的地图：密尔沃基和堪萨斯城；下面两张是规模更大的大都市区——底特律和达拉斯——沃思堡。左边的大都市区位于实行反联合体法律的州：威斯康星州和密歇根州；右边的两个大都市区位于允许墓地拥有或运营殡仪馆的州：堪萨斯州、密苏里州和得克萨斯州。

这些地图清楚地显示，位于没有反联合体法律的州的大都市区拥有大量的联合体，但也有不少独立殡仪馆。独立殡仪馆发挥着重要的作用，其服务对象是它们周围的社区。在这些地图上，我们可以清楚地看到，联合体的存在并没有削弱独立殡仪馆的重要性。伊利诺伊州的情况就是如此。在废除反联合体法律 30 年之后，这个州目前仅有 20 家联合体，不到全美殡仪馆总数的 2%。

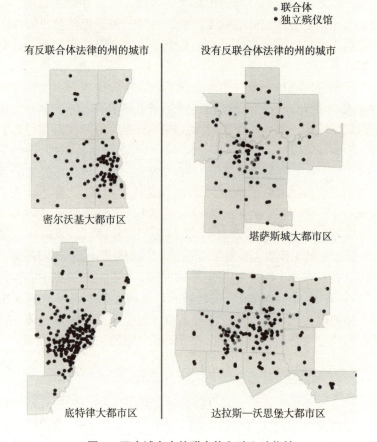

● 联合体
● 独立殡仪馆

有反联合体法律的州的城市

没有反联合体法律的州的城市

密尔沃基大都市区

堪萨斯城大都市区

底特律大都市区

达拉斯—沃思堡大都市区

图1　四座城市内的联合体和独立殡仪馆

殡葬行业最大的两家公司是国际殡葬服务集团（Service Corporation International）和斯图尔特公司（Stewart Enterprises），拥有堪萨斯城全部 14 家联合体中的 7 家、达拉斯—沃思堡全部 20 家联合体中的 11 家。在这些市场，国际殡葬服务集团和斯图尔特公司拥有的联合体不仅彼此竞争，还要与其他公司拥有的数量类似的联合体，以及大量独立殡仪馆和墓地进行正面较量。这项证据——再加上密尔沃基和底特律的殡仪馆格局——充分说明，就殡葬市场的竞争程度而言，没有反联合体法律的州至少跟那些推行这项法律的州同样激烈。实际上，我们相信，在没有这项法律的州，殡葬市场的竞争更加激烈，这是因为联合体为消费者提供了更加多样性的服务选择。不断加剧的竞争应该诱使联合体（以及提供类似产品和服务的独立殡仪馆和墓地）将他们节约下来的一些成本分享给消费者，即降低产品和服务的价格。

（三）哪些服务？

一位年轻人想去瞻仰一位过世的老邻居，但他不知道究竟应该晚上去探视，还是参加上午的追悼会，或者去随后的安葬仪式。他向一个在线咨询论坛求助，询问一位熟人应该去哪种场合。评价最高的回复是："我会去探视，跳过各种仪式。"另一个回复是："在我看来，出席安葬仪式的往往是家人和密友；葬礼是供任何认识死者的人士参加的，如果他们愿意的话；任何想慰问死者家属的人都可以去探视。"

假设一家人希望选择一个能够最大限度地减少家人、朋友和熟人出行成本的殡仪馆和墓地，并假定瞻仰活动和追悼会皆在殡仪馆举行。如果他们的亲人已经在某个地区居住了很长时间，这家人可能会选择一个附近的殡仪馆，因为很多人都想去瞻仰，只有相对较少的人会参加安葬仪式。另一方面，如果他们的亲人刚刚搬到某个地区，或者这位亲人居住了若干年的退休社区远离他或她希望被埋葬的地方，选择一个隶属于墓地或者墓地附近的殡仪馆几乎会给所有人带来更多的便利。

墓地和殡仪馆并不总是结合在一起更完美，也并不总是分开更好；最佳安排取决于需要作出选择的家庭的实际情况。比如，如果过世的亲人长期居住在某个地方，那么地址分开的殡葬服务（从而使殡仪馆更靠近亲人的邻居）往往是更好的选择。于其他人来说，选择结合在一起的殡葬服务有许多好处。比如，死者年迈的兄弟姐妹可以更容易去墓地——试想一下，一位坐轮椅的老人上下汽车、出入殡仪馆和墓地所经受的种种艰辛。推行反联合体法律的州声称，墓地和殡仪馆分开经营总是好一些，以此来证明这项法律的合理性。我们认为，这种看法与事实完全不符。

殡仪馆和墓地的所有者和管理者认识到，就像服装业不可能提供一个通用尺码的衣服一样，殡葬服务业不存在一个放之四海而皆准的策略。人们喜欢多样性，这一点不仅适用于服装业，也适用于殡葬服务业。一些人选择火葬，其他人选择土葬；一些人希望把他们的亲人埋葬在一个简单的松木棺材里面，其他人则想要一个不锈钢棺材；一些人想要一个绿色葬礼，其他人想要一个家族陵墓。同样，有些人青睐独立殡仪馆，其他人则更喜欢附近有墓地的殡仪馆。

殡仪馆和墓地连锁商（无论是属于公有，还是属于私有）不仅拥有独立殡仪馆，还拥有位于墓地内部的殡仪馆，以迎合消费者。驱动他们采用这种投资组合的，是对殡仪馆特色有着不同偏好的消费者需求。

三、消费者喜欢联合体：他们用脚说话！

了解反联合体法律对消费者产生何种影响的方法之一是，观察那些没有这类法律的州中，什么样的消费者选择由联合体而不是独立殡仪馆来处理亲人的殡葬事宜。如果没有太大差异的话，那么消费者或许就没有受到反联合体法律的严重损害。如果有太多差异的话，那就说明在禁止联合体的那些州中，类似的消费者正在受到反联合体法律的伤害。

估计葬礼消费者选择殡仪馆类型时他们的偏好是否存在明显不同，需要关于安排葬礼的个体消费者的信息，其中一些是由独立殡仪馆处理的，另一些则是由联合体处理的。在国际公墓、火葬和殡葬协会（The International Cemetery, Cremation, and Funeral Association）的安排下，我们不受限制地参阅了关于独立殡仪馆和联合体殡仪馆处理的葬礼的专有数据。我们获得了一份记载大都市区此类数据的清单，并选择研究堪萨斯城和达拉斯—沃思堡，因为我们想用它们的殡葬市场与密尔沃基和底特律的殡葬市场进行比较，后者所在州推行严格的反联合体法律。

（一）数据

我们拥有 2010 年至 2011 年举行的 14 701 场葬礼的信息。特别是，我们掌握了消费者的葬礼支出和他们的居住地址，但没有其收入和种族方面的数据。我们基于他们所在社区的社会经济特征来估算这些缺失的数据。具体来说，我们使用消费者的地址来确认他们居住的人口普查片区，然后赋予他们在 2000 年人口普查期间居住在那个片区的人们所具备的社会经济特征。此外，我们还计算了他们和大都市区内每家殡仪馆和墓地之间的距离，包括他们与处理其殡葬事宜的殡仪馆和墓地之间的距离。

殡葬市场的服务对象往往是本地人群，其服务半径一般为 5 到 30 英里。这表明，那些行驶更长距离的消费者所受到的驱动力，或许不同于当地的普通消费者。为了防止异常值歪曲这项分析，住所距离选定的殡仪馆超过 30 英里的消费者被排除在了回归分析之外，那些缺少一个或多个变量值的观测对象也被排除在外。

表 1 的回归分析使用了堪萨斯城和达拉斯—沃思堡的数据，以及两个因变量：第 1 列使用消费者住所与他或她选择的殡仪馆之间的距离记录，第 2 列使用消费者在殡仪馆的开支记录。

我们主要感兴趣的是前两个解释变量的影响；其他解释变量被列入对照组。控制变量的估计影响应该、也的确是有意义的。比如，在第 2 列，收入中位数变量的估计影响符合一种看法：居住在高收入社区的消费者很可能在葬礼上花费更多。

表 1　多走一英里

许多消费者更喜欢联合体，因为他们行驶更长距离以抵达这些地方，殡葬开支也更多一些。

	（1）	（2）
消费者选择联合体殡仪馆（1＝是）	0.327(2.58)**	0.414 (3.10)***
前往殡仪馆的路程（数十英里）		−0.099(3.37)***
家庭收入中位数（数万美元）	0.005 (0.36)	0.027 (5.78)***
黑人占总人口百分比	−0.008 (3.72)***	−0.001(0.29)
西班牙裔占总人口百分比	0.002 (3.72)***	0.002(2.77)**
出生在美国的人口百分比	0.005 (1.05)	−0.001(0.64)

	(1)	(2)
65 岁以上人口所占比重	−0.019(5.19)***	0.001(0.57)
全县人口	−0.002(2.29)**	0.000(1.96)*
位于达拉斯—沃斯堡的消费者	0.414(2.42)**	0.308(3.28)***
系数	1.464(4.82)***	7.940(44.61)***
观测值	11,611	11,611
方差 R^2	0.13	0.09

注：括号中为 t 统计量的绝对值。* ＝在 10％的水平上具有统计意义；**
＝在 5％的水平上具有统计意义；*** ＝在 1％的水平上具有统计意义。消
费者聚类的标准误差被殡仪馆矫正。

（二）旅行和消费的意愿

这些实证结果意味着，就平均而言，为了到达联合体，消费
者愿意走更远的距离。相较于独立殡仪馆，他们平均下来需要多
走 32.7％的路程（约 2.4 英里）才能到达联合体。消费者用脚
（和汽油）投票，从而清楚地揭示出许多人更喜欢联合企业。

此外，消费者一路上经过的地方也发人深省。一些喜欢喝咖
啡的人在驱车前往星巴克的路上，往往要经过唐恩都乐咖啡店，
他们对星巴克的偏爱由此可见一斑。其他人则开车向反方向行
驶，经过星巴克，前往唐恩都乐。经过一个地方而前往另一个地
方这种行为告诉我们，喝咖啡的人并不认为不同品牌的咖啡可以
完美替代；一些人喜欢星巴克，其他人则对唐恩都乐青睐有加。
同样，如果消费者更喜欢墓地附近的殡仪服务，他们愿意经过独
立殡仪馆，前往位于某个位于墓地内的殡仪馆。我们发现，就平
均而言，选择联合体的消费者要比选择独立殡仪馆的消费者多经
过 3 个靠近他们家的殡仪馆。消费者不仅要行驶更远的距离，而
且经过更多的替代选择这一事实表明，消费者非常珍惜选择联合
体的机会。联合体的缺失显然会伤害这些消费者。

联合体的运营成本相对较低，激烈的市场竞争理应会诱使它

们将节省下来的部分成本传递给消费者。然而，我们的研究显示，一旦消费者到达联合体，他们会把更多的钱花在葬礼上。第2列告诉我们，相较于独立殡仪馆，消费者在联合体殡仪馆的花费更高（如果保持行驶的路程和控制变量不变的话）。反联合体法律的支持者以联合体比独立殡仪馆收费更高这一现象为证据，并解释称，反联合体法律保护消费者免受高价格殡葬服务的侵害。这种解释暗示联合体具有市场支配力。但图1清楚地显示，在堪萨斯城和达拉斯—沃思堡有许多联合体，没有任何一家企业所拥有的联合体超过总数的1/3。在这种情况下，联合体根本无法维系更高的价格。图1还显示，独立殡仪馆要比联合体普遍得多，所以最靠近大多数消费者的通常是独立殡仪馆。消费者经过价格更低的独立殡仪馆而不入，仅仅是因为他们想去承受联合体的高价？这种说法令人难以置信。

我们相信消费者的偏好，而不是更高的价格，正在驱使他们在联合体中花费更多的殡仪费用。消费者正在购买由联合体提供的独特产品和服务。墓地靠近殡仪馆，以及所有殡葬事宜都由一个殡仪员处理带来的便利，使得消费者更加愿意购买细致入微的殡葬服务。

四、联合体的成本优势：更有效地利用投入

反联合体法律限制了消费者的选择，从而损害了他们的利益，但这些法律对社会福利的负面影响还会经由另一个渠道产生，那就是生产成本。**处理更多葬礼的殡仪馆能够更有效地利用尸体防腐间、瞻仰间和追悼间等昂贵资源——这些设施的成本基本上是固定的**，因为它们不因葬礼数量的变化而变化。一家每年处理100个葬礼的殡仪馆和另一家每年处理150个葬礼的殡仪馆，很可能拥有类似的设施，但前者的设施经常处于闲置状态。处理更多葬礼的殡仪馆可以享受更低的平均成本，因为它可以把类似的固定成本分摊在数量多出50％的葬礼上。在死亡人数少的小社区中，这种成本优势或许是遥不可及的。然而，在更大的社区内，更大的殡仪馆能够更有效地利用处理葬礼所需的固定资源。

企业也可以通过规模经济来降低其平均成本——同时生产两种或更多共享相同投入品的货物。比如，沃尔玛超市经常在销售零售商品的同时还卖杂货。许多为零售业务构筑的基础设施，比如采购系统、仓库、停车场和结账店员也可以同时用来卖杂货。把基础设施成本分摊在两种商品上面，使得沃尔玛超市获得比单个零售商和杂货商更低的平均成本。

殡葬服务业存在类似的成本节约。在联合体中，葬礼和墓地等商品和服务的合作生产可以比独立设施更有效地利用人力和资本。接洽葬礼事宜的房间也可以用来出售墓地。在联合体中，一个家庭或许只需提供一次关于死者的详尽信息，而独立殡仪馆和墓地则分别需要安排员工来从事这项工作，让情绪正在受到亲人离世影响的家庭再次经受这样一个往往令人痛苦的流程。

反联合体法律禁止企业同时经营殡仪馆和墓地，抑制了它们捕获规模经济和范围经济的能力。实际上，这些法律迫使殡仪馆和墓地利用需要比正常情况下更多的资源。这将减少可用于其他事业的资源（包括劳动时间、可用土地和能源），从而进一步降低社会整体福利。**只要联合体相互竞争（根据图1，它们的确是这样做的），部分或全部节省下来的成本将以降价的形式反馈给消费者。反联合体法律阻止了这些节约，进而导致消费者支付更高的价格。**

五、废除反联合体法律带来的成本节约

我们或许可以想象，倘若反联合体法律被废除了，潜在的成本节约就有可能实现。一种估算不同殡仪馆平均生产成本的简单方法是，用它们的总成本除以葬礼总量。这种方法很简单，但不准确。试想一下，两家相同的殡仪馆为喜欢木棺材但来自不同社区的家庭提供服务，其中一个社区的收入中位数高于另一个。由于高收入家庭更倾向于选择樱桃木棺材，而不是松木棺材，处理这类葬礼的总成本更高，这并不是因为他们的殡仪馆未能利用规模经济或范围经济效应，而是因为一口樱桃木棺材的批发价格高于松木棺材的批发价格。

殡仪馆在确定棺材的零售价格时，往往是用批发价格乘以一个倍数。比如，假设上述两家殡仪馆将其棺材的零售价格确定为批发价格的 3 倍。由于樱桃木和松木棺材的批发价格大约为 750 美元和 1 500 美元，其零售价格就分别为 2 250 美元和 4 500 美元。在这种情况下，这两类棺材的成本收入比皆为 0.33。这个比率给了我们一个正确答案：两家殡仪馆是相同的，没有哪一家的成本比另一家更低，唯一的区别是其中一家销售的樱桃木棺材比另一家更多。

现在再考虑一下另一种情形。两家其他方面相同的殡仪馆只存在一个区别：其中一家位于一个墓地内。联合体殡仪馆拥有成本优势，因为它可以更有效地利用人力和资本。因此，当我们仅仅关注它处理的葬礼时，由于规模经济和范围经济，联合体殡仪馆的成本收入比更低一些。

反联合体法律的支持者对此有不同看法。他们声称，联合体的成本收入比之所以更低，不是因为成本更低，而是因为它们涉嫌收取更高的价格，从而创造出更高的收入。同样，这种解释没有证据支持。图 1 表明，堪萨斯城和达拉斯—沃思堡有许多联合体，没有哪家企业拥有的份额超过 1/3。此外，如图 1 所示，每座城市都拥有许多独立殡仪馆。所以说，联合体面对大量竞争者，说它们拥有主宰市场的力量是令人难以置信的。相反，我们认为，它们更低的成本收入比是通过规模经济和范围经济产生的。

（一）葬礼的平均节约成本

由一个联合体而不是独立殡仪馆来处理葬礼，可以节省大量成本：我们的估计值在 492 美元到 880 美元之间。这些估计值等于独立殡仪馆的平均葬礼支出乘以联合体与独立殡仪馆的成本收入比差异。这个区间的下界源自不包括成本收入比最低和最高的殡仪馆。

（二）新联合体的预计数量

废除反联合体法律能够节约的总成本也取决于废除后涌现出

的联合体数量。为了估算这个数字，我们仔细审视没有反联合体法律的州内各县之间的联合体格局。我们进行了两个回归分析：一个估计各个县有无联合体的决定因素；另一个估计如果法律允许的话，将会出现的联合体数量。我们发现，联合体更有可能出现在人口更多、收入中位数更高、州内出生的人更少的县中。把推行反联合体法律的州县的特征加入这些方程之后，我们就可以预测如果废除这些法律，这些县将拥有多少联合体。

我们的估计显示，废除反联合体法律将使联合体在现有 718 家的基础上增加 126.6 家，即增长 24.6%。鉴于反联合体法律的州占全美人口的 25.5%，这听起来是正确的。这些新联合体不会一下子涌现出来；一些联合体将很快出现，其他联合体经过许多年也不会出现。比如，在过去 40 年中，伊利诺伊州、路易斯安那州和宾夕法尼亚州的反联合体法律要么被废除，要么被法院推翻，但这些州总共才有 48 家联合体，大约是我们基于它们所辖县的特征进行的长远预测的 2/3。

（三）20 年的成本节约

鉴于一家典型的联合体每年处理大约 300 场葬礼，全美范围内废除反联合体法律每年预计可以为公众节省 1 870 万美元至 3 340 万美元。但这些节约每年都发生。使用联邦政府管理和预算办公室推荐的贴现率（3.5%），在一个长达 20 年的期间内，废除反联合体法律可以节省 2.66 亿美元至 4.75 亿美元。表 2 列出了目前实行反联合体法律的 11 个州和哥伦比亚特区的相应数据。

表 2　联合体崛起

废除反联合体法律将减少葬礼生产成本

	废除反联合体法律后预计增加的联合体数量	20 年内每年节约成本的下限（百万美元）	20 年内每年节约成本的上限（百万美元）
康涅狄格州	7.1	14.9	26.6
特拉华州	1.9	4.0	7.1

续表

	废除反联合体法律后预计增加的联合体数量	20 年内每年节约成本的下限（百万美元）	20 年内每年节约成本的上限（百万美元）
哥伦比亚特区	1.4	2.9	5.3
缅因州	2.5	5.2	9.4
马萨诸塞州	12.2	25.6	45.8
密歇根州	21.1	44.3	79.1
新罕布什尔州	4.0	8.4	15.0
新泽西州	17.1	35.9	64.1
纽约州	41.5	87.1	155.6
罗得岛州	2.1	4.4	7.9
佛蒙特州	3.1	6.5	11.6
威斯康星州	12.6	26.4	47.3
合计	126.6	265.6	474.8

注：20 年节约的总成本为每年节约数额的贴现值（贴现率为 3.5%）。

六、结论

2012 年 2 月 28 日，威斯康星州议会就《523 号议会法案》（Assembly Bill 523）举行听证会。一旦通过，这项法案将废除威斯康星州禁止墓地经营殡仪馆的法律。听证室——这间会议室曾经出现在强尼·戴普（Johnny Depp）主演的电影《全民公敌》（*Public Enemies*）之中——挤满了殡仪员和墓地工作者。还有许多殡仪员站在外面，他们身穿印有按钮图案的服饰，敦促议员们投反对票。在长达数小时的听证期间，议员们聆听了 24 位赞成和反对《523 号议会法案》的人士所做的证词。大多数人都在声情并茂地讲述为什么废除反联合体法律极其有害或有利的故事。听证环节临近终结时，一位委员敦促双方不要彼此丑化，并且表示，目前更需要的是关于废除反联合体法律的影响的经验证据。

听证会上只呈现了少量证据，主要是由威斯康星州殡仪服务和火葬联盟（FSCAW）以及本文作者之一大卫·E. 哈林顿提供的。FSCAW 的代表提供的图表显示，尽管堪萨斯城和密尔沃基的人口数量大致相当，但前者的持牌殡葬场所远少于后者（53：91）。她指着这项证据声称"废除威斯康星州的反联合体法律"将限制"消费者的选择"。这绝非事实。她严重低估了堪萨斯城的殡仪馆数量，因为她只计算了位于这座城市密苏里河一侧的殡仪馆。2012 年的黄皮书显示堪萨斯城拥有 114 家殡仪馆，2007 年经济普查统计显示该市有 108 家聘用受薪雇员的殡仪场所。这位 FSCAW 的代表还根据从每座城市一小部分殡仪馆获取的信息，出示了关于每座城市葬礼费用的"证据"。

我们的证词使用源自 2007 年经济普查统计的州一级数据，估算了一下实行反联合体法律的成本。根据这些可以更好地确定反联合体法律影响的数据，我们估计，如果反联合体法律被废除，整个社会在未来 20 年中至少可以节省 2.66 亿美元。这笔钱代表着由于这些法律而被浪费的真实资源，比如工人们无所事事地摆弄手指，空荡荡的瞻仰室，重复建设的丧葬洽谈室。但这并不包括由于限制消费者选择殡仪馆的自由而给他们带来的损失。这些数据清楚地表明，为了到达一家联合体殡仪馆，许多消费者愿意多走一英里或数英里。为选民服务的议员们也应该加班努力，尽快废除这些有碍竞争的反联合体法律。

扩展阅读

"Bill in Wisconsin Seeks to Pave the Way for Combination Operations." *Funeral Service Insider*, January 16, 2012.

David Besanko, Mark Shanley, and David Dranove, 2009, *Economics of Strategy*, John Wiley and Sons.

David E. Harrington, 2007, "Markets: Preserving Funeral Markets with Ready-to-Embalm Laws", *Journal of Economic Perspectives*, Vol. 21, No. 4.

"Testimony on Assembly Bill 523 before the Assembly

Committee on Consumer Protection and Personal Privacy", as published by the Wisconsin Organization for Responsible Consumerism, February 28, 2012.

David C. Sloane, 1995, *The Last Great Necessity: Cemeteries in American History*, Johns Hopkins University Press.

聪明的哲学家与人民

皮埃尔·勒米厄[*]

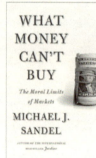

*What Money Can't Buy: The Moral
Limits of Markets*

By Michael J. Sandel

256 pages; Farrar, Strauss, and Giroux,
2012

迈克尔·桑德尔（Michael Sandel）的论点被一个实证问题所削弱：越来越少的商品可以在没有特别条款、许可和授权的情况下进行自由贸易。

迈克尔·桑德尔的书名《金钱不能买什么》实属用词不当，应该是《金钱不应该买什么》。当然，存在一些金钱不能买到的东西——例如爱情和友情。如果你试图去购买爱情或者友情，你

*　皮埃尔·勒米厄（Pierre Lemieux），加拿大魁北克大学渥太华分校管理科学部经济学家。他的新书《公共债务问题》已由帕格雷夫麦克米兰出版社（Palgrave Macmillan）出版。

译者王美娜，上海金融与法律研究院研究助理。

所得到的将恰恰会被购买的过程破坏，你所得到的将不是真情实感。但这并不是桑德尔——一位哈佛大学的哲学家和政治学教授——所考虑的。他真正要证明的是：试图去买卖某些商品可能是可行的，但却是不道德的，而且（我怀疑）应该是非法的。为证明这个议题，他提出了一些令人感兴趣的问题，但与他的议题相差甚远。

一、不义之财

从书里可以很明显地看出桑德尔不喜欢金钱。但是，矛盾的是，他却很重视金钱。他似乎认为所有的自发交易肯定是为了钱。实际上，金钱仅仅是交易工具，那些不能用金钱买到的东西可以通过长期以物易物的交易关系获得。你不能通过专门的转账来购买爱情，但你可以通过长期的一揽子交易来购买爱情或至少是维持爱情。在无限期的时间里，你给予我爱，我回报以爱作为交换。友谊也是如此。如果没有换得至少同样好的东西，那么就没有爱人或是朋友将会继续付出。交换是社交的关键。

桑德尔所关注的问题在于有一些东西可以但不应该用钱交易。其中一个原因是"公平"，对此桑德尔充分地给予了尊重（就像对其他政治立场正确的原因那样），但是他太聪明了，以致他并不依靠这种转瞬即逝的理念来支持他的主要论点。他认为金钱介入某些交易，例如移植肾脏，是对贫困方的强迫，但他也承认排队也不一定是公平的。他可能没有完全意识到关于公平的争论如何发生变化来支持市场交易。例如，他反对买卖抚养孩子的权利，但这会在富裕的领养人和不愿意抚养自己孩子的穷人之间，甚至被领养的孩子自身之间重新分配收入。

二、腐败和堕落

桑德尔的主要争论在于道德堕落。他认为，为了钱交易某些商品或服务的行为改变了它们原被认知的方式，玷污腐化了它们，否定了它们的"公益目的"，降低了它们的"社会效用"，并且贬低了交易人的身份。他认为过去的几十年造就了"一切商品化"，并且这些市场价值排挤掉了道德价值。一个例子就是保险贴现市场，在这里投资者从个人那里购买人寿险保单，并因此从他们的死亡中获取利益。一项设计用于帮助死者家庭的制度却变成有关他死亡的赌注。同样，器官捐献的价值也被器官贸易所破坏。桑德尔也给出了其他几个例子。

桑德尔论点中的一个问题在于，某些事情的目的通常是情人眼里出西施。对桑德尔来说，"公立学校的目的就是培养公民"；对别人而言公立学校是教孩子阅读和计算，并使他们成为自由和自力更生的人。对某些人而言，人寿保险的价值就在于或是变成了如果他们需要钱就在死前卖掉他们的保单。器官捐赠假设的道德价值对于那些自己不能拥有所需要的被捐助器官的人来说并不值钱。市场上的自愿交易难道不是道德的化身吗？根据定义，商业化是对市场需求的响应。作为一个棒球迷，桑德尔因他所喜爱运动的商业化而难过。当他还是个孩子的时候，他能够很容易地找到他的偶像，并且从他们那里免费得到签名。而今天的偶像们可以平等地将签名出售给任何人。

有一些非公开的方式避免腐败和堕落，一些制度也因此得以进化。婚姻能帮助抚养孩子和浇灭试图用金钱买不到的东西的诱惑。宗教，特别是寺院类宗教，为避免贪婪和肉欲生活的诱惑提供了一种方法。非营利组织和合作机构避免商业化。私人学术标准防止买卖有公信力的文凭。如果商业化真的以大多数球迷不喜欢的方式使棒球贬值，那么可以通过创建一个"非腐败非堕落的美国职业棒球大联盟"来赚钱。如果你自己愿意购买产品，广告也可以被一同避免，而不是让广告商为你的消费付钱。例如你可以购买没有广告的软件和应用程序。

即使不同意这种意见，但问题在于是谁创制这种什么事情不该被降级的估值基线。桑德尔问什么是"正确的评估方法"。他的理论"要求我们作出一个道德评估"："我们必须决定何种价值观在多种多样的社会和公民生活领域占主导地位。"桑德尔显然没有意识到政治上的"我们"并没有确切的意义，或者即使有，也意味着不一致或是独裁主义。就像桑德尔书中写的那样，阿罗定理（Arrow Theorem）和社会选择理论的含义还没有形成大众的或是哲学的文化。

三、混乱的经济和政治

桑德尔对经济学的理解虽然比其他哲学家要好，但仍然存在很大的漏洞。例如他并没有注意到馈赠礼物的表现力和情感自身，可以对接受者和给予者形成经济学家所谓的"效用"。他认为由于球员的高薪导致棒球票的昂贵，然而却是相反的因果关系：对棒球员的需求是一种派生需求——俱乐部老板愿意投入资金是由于可以在市场上获取门票和广告的价格。他认为经济学是关于"社会福利"和"人们偏好总和"的最大化。这种不可靠的社会福利概念已经被福利经济学家揭穿，然而其他人像弗里德里克·哈耶克（Friedrich Hayek）和罗伯特·萨格登（Robert Sugden）更具说服力地辩称社会协同不是福利而是目标。

桑德尔对政治的理解更为错误。国家不是"我们就是社会"，而是政客和官僚创设他们所需要的价值观。就像许多哲学家一样，桑德尔仅仅假设了一个理想国。他忽视了一个问题，这个国家"现有的"而不是"应有的"道德观通常比市场主义的道德观更为糟糕。考虑当时的情况，本笃会的僧侣们由于没有遵守丧葬承办人的许可要求，而被路易斯安那州的殡葬业委员会禁止在市场上出售他们所制作的棺材。对于僧侣和想要购买便宜的棺材的消费者来说同情在哪儿呢？谁从死亡中恬不知耻地受益呢？按照《金钱不能买什么》的作者的意思，强权不能购买美德。

在国会大厦，排队公司雇用"站立者们"花几个小时在进入国会听证会的队伍里向前移动，直到靠近相关的审讯室，他们把位置让给从排队公司购买服务的富有的游说者。这种行为存在的问题并不像桑德尔所辩称的那样是避免排队，而是国会给予或是收回支持和特权的无限权力，以及对参与国会政治游戏的游说者的需求。

四、交易中的麻烦

如果问桑德尔证明了什么，他证明了很多。他批判了医疗保健的不平等获取权，但却未提到有关食物的类似情况。如果我们借用奥伯龙·赫伯特（Auberon Herbert）的一个思维实验，同时想象国家已经使我们习惯于免费食物，那么对比就更加强烈。哲学家争辩说，就是现款买卖食物这个事实腐蚀了它，把它从一个维持生命的天赋、一个社会的根源变成农民贪婪赚钱的工具。在桑德尔的措辞中，食品商业化将排挤曾经免费工作的农民和杂货商的公民美德，并且会教给食物消费者错误的道德观念。

桑德尔的理论也被一个实证问题削弱。他认为，过去30年已经见证了"市场必胜信念"和"一切都拿来售卖的世界"，是真的吗？事实上，越来越少的事物可以不经特别条件、许可和授权就自由交易。来自莫卡特斯中心和韦登鲍姆中心的数据显示，在1960年到2007年期间——即使是在经济衰退后的法规增加之前——以不变价值美元计算，主要联邦监管机构的预算增加了10倍，这还不包括国土安全部，如果包括国土安全部在内的话就增长了13倍。

矛盾的是，市场受监管得越多，尝试在社会监管的缝隙中恢复它们的人就越多。实行的法律和禁令越多，把它们简单地看做经营或是生活的成本的受限主体就越多。越发纯净的真诚的市场刺激一旦形成，当局就越试图"激励"人民，可以理解桑德尔不喜欢那个词。他巧妙地注意到奥巴马总统在他前三年执政中29次使用了这个词。

桑德尔批评公立中小学出售商业广告或是出售公共场所的冠名权是有道理的，就像将费城地铁系统中的帕蒂森站重命名为美国电话电报公司站。但仔细看看那里究竟发生了什么。接近破产的政府曾经尝试用高额的税收和借款来过美好的生活，而如今正出售公共物品来维持政客和官僚的贵族统治。桑德尔正试图给予这些机构更多的权利以对抗腐败和堕落。

桑德尔认为经济学不能完全从价值判断中脱离出来的观点是

正确的，福利经济学家已经证明了这个令人厌恶的观点。然而，这种牵连并不意味着任何交易行为必须根据自己的优劣来评判，也不意味着掌权者有权决定允许或禁止某些交易行为。桑德尔认为交易许可问题——无论是污染、打猎或是可被理解的移民或是（为什么不呢）自由言论——在于"可交易"，但是实际上是在于许可。桑德尔极其容易地抛弃了我们必须通过对个人喜好和选择尽量少的限制来节约道德标准的理念。否则，多样性和分歧的唯一解决方案就是斗争到底。

我和大部分自由论者都认为有些事物不应该被交易。亚里士多德式美好人生的禁忌并不是空洞的，但需要被哈耶克规则更好地定义，并且是自发的而不是上级强加的。不幸的是，桑德尔忽视了这个现代分析链。只有一系列有限的交易禁止可以防止政治成为最大且最具有系统性的腐败市场。

我在想或许只有当商业化不符合他自己的价值观或利益时，《金钱不能买什么》的作者才质疑商业化。他并没有批评把婚姻当做合同，可能因为他恰恰赞成这种演变。他并不反对版权和商业出版，以支持免费地向人们传播哲学智慧，并与他自己的商业出版者的腐败保持安全距离。为什么讨论或是写作像恐怖袭击一样的坏事是可以接受的，然而就像桑德尔辩论的那样，这种事情的预测市场（十年前由罗宾·汉森（Robin Hanson）和美国国防高级研究计划局提出）却有堕落的影响？

对《金钱不能买什么》善意的解释是把它看做一件有趣的作品，是一个哲学家建议的在我们的生活中自由选择的最好的价值观。然而在关键时刻，当我们抛弃所谓的空洞的"我们"以及天使般的国家之后，桑德尔的努力就如同众所周知的哲学王试图把他自己的道德观强加给其他人那样。"我们希望的那种社会"是哈佛大学政治哲学家所喜爱的那种美好的生活，或别的！

对破碎系统进行改革的陷阱

艾克·布兰农[*]

Innovation Economics：*The Race for Global Advantage*

By Robert D. Atkinson and Stephen J. Ezell

440 pages；Yale University Press，2012

　　"产业政策"一词伴随着诸多条条框框出现，至少对于那些能够倾听沃尔特·蒙代尔（Walter Mondale）的人来说是这样。如今，它意味着一个将资本分流到其所青睐的行业的激进政府会利用税法去回报伙伴，并且将自己完全置身于那些本并不应该由政府来做的决策中去。

　　任何有所关注的人都会说出这件事对我们当前政府办事方法的准确描述，但是在这些对创造出如今这一吞噬我们税款与自由的利维坦起推动作用的人之中（两派政党都应当承担责任），却没有人会承认曾参与过制定诸如产业政策一般邪恶的决策。这就像在煮一只青蛙，虽然锅里的水一直都很热，但煮熟的过程是缓

　　* 艾克·布兰农（Ike Brannon），美国乔治·W. 布什研究所百分之四增长研究项目研究院、华盛顿特区 R Street 政策研究院院长。
　　译者张毛培，上海金融与法律研究院研究助理。

慢的、逐步的。

如果当今的一系列制度安排被摧毁，不会有多少经济学家对此感到惋惜。但是，用什么来替代我们现在错综复杂的产业政策却从来没有达成统一的意见。当那些自由主义者理所当然地会支持政府丢弃企业税率、税收支出以及任何明显的补贴，并不再使用时，罗布·阿特金森（Rob Atkinson）和史蒂文·埃泽尔（Steven Ezell）却几次令人信服地主张用一个更聪明、更精简的产业政策来代替目前的政策。

阿特金森创办信息技术与创新基金会（Information Technology and Innovation Foundation）并担任主席，埃泽尔是该基金会的一名高级学者，因此他们把收益放在第一位，而最重要的是弄清政府如何从信息技术（IT）革命中获得杠杆收益。他们通过大量的数据表明，20世纪90年代美国经济获得的巨大生产力主要原因是，在沃尔玛和它在零售行业的竞争对手的大力推动下，大量企业最终都一窝蜂地采用IT，利用IT提高产率以产生巨大的收益。如今，这些收益开始减少，但是有大量的证据（阿特金森在别处所引用的）表明，近来逐渐减少的产量增长相对于实际的情况是被夸大了的。

美国经济当前的困境急需经济增长来产生足够的税收收入以便使我们摆脱财政漏洞，这就意味着经济增长相比以往任何时候都显得格外重要。

如果我们要制定产业政策（并且不出任何差错，我们就会想要在自己所青睐的工厂上花很少的时间，这一点美国议会可以证明），就让我们想一想如何使我们获得最大的利润。要达到这样的目的，最关键的一点就是要使得税法有利于那些面临外国最激烈竞争的产业。大量的外国企业从其母国政府得到各种份额的补贴、税收优惠等其他好处，以削弱我们本地政府提供给本地公司的各项优势。

这不同于自由主义者那么理想化的想法，阿特金森与埃泽尔所建议的方案是可能达成的。但是如何使得一个具有投票资格的自由主义者不提着嗓子喊道："我控诉！"那会是因为阿特金森与埃泽尔确有道理，也因为他们所提出的改革方案远胜于正在实施的被歪曲的系统。

一、税率与优惠

对于其他方面而言，阿特金森与埃泽尔的书拉开了即将上演的企业税改革斗争的序幕。左右派中的大多数人如今都认为这一改革应当是下一届国会最优先解决的事项，即使他们对如何来做这件事还存在分歧。

经济中经常被忽略的事实是一个向政府开支票的经济实体并不必然承担纳税义务。例如，用人单位与劳动者平等分摊社会保障税这一想法只是一个会计假象。在不考虑税的情况下，劳动者的收入会通过税收的整体数目而有所增加（取决于劳动力供给），那就意味着劳动者承担了所有的税负。

类似地，企业所得税并不完全由罪恶的、不知名的企业或是他们的股东承担。那就是说，企业所得税会减少对工厂、设备以及机械等投资的回报。这样一来，投资就会变少，劳动者的效率也会相应地降低。结果就是，工资变低，公司的产量也降低（利润也变少），那么他们所生产的任何东西的价格也就会变高。这就使得劳动者和消费者与企业所有权人一起承担了企业所得税，那么对于政策的制定者所要考虑的相关问题就是在这三者之间如何分配纳税义务。不管面临的问题到底是经济增长最大化还是收入的再分配，答案都是十分重要的：如果纳税义务主要落在劳动者身上，那么企业税法就不会像其他情况下那样有效率了。

过去十年的大量调查研究表明，劳动者是承担企业税的主体，这使得税收对收入再分配起到极其恶劣的负面作用——即便是左派大本营的税收政策中心（Tax Policy Center）也不得不承认这一点。因此，一个较低的企业税率能够增加工资，并且与其他税收政策变化相比，它能够更好地改善差距。

然而，阿特金森与埃泽尔还有其他方面的担忧。最让他们担心的是美国企业税法的问题不仅在于非常高的法定税率（是经济合作与发展组织国家中最高的），还在于它不利于鼓励投资。我们的企业税法表面上通过两项"税式支出"来鼓励投资，分别是实验研发（R & E）税收抵免（这是针对公司对于这些条目下工作增加开支的税收优惠）以及红利折旧（bonus depreciation）。但这两者给予的优惠并不多，尤其是后者因设计不成熟而尚未开始实行。

当我们已经知道税收改革的方向时（也就是以各种偏好损失来换取较低税率），企业税方面所要面临的问题是国会能够在这个方向上走多远。具体而言就是说假定我们能够做得最好的是税收中性改革，那么如果通过（红利折旧以及）实验研发税收抵免来舍弃对新工厂与设备的投资激励来换取尽可能低的税率是否明智？

当然，我们从国会那里得到的答案取决于企业能够从这些投资激励中获得多少好处。一个投入大量资金在研发上的资本密集型产业会意识到较低的税率并不能弥补它所失去的投资激励，所以这种行业不会特别渴望能够达成这样的改革。而那些在研发上投入不多的企业则会十分热衷于此种改革并且会想方设法地让税法编写委员会得知其想法。哪种企业会让我们失望呢？

选择较低的税率并坚持认为市场本身要比税法更有效率，这一观点十分具有吸引力。但阿特金森与埃泽尔则认为这是一种逃避的做法：用格迪·李（Geddy Lee）的说法，如果你选择不做决定，那意味着你还是作出了选择，也就是选择了支持银行与金融业而不支持制造业。阿特金森与埃泽尔不会（即使其他人会）因为它会增加不平等而对其妄加评判，但他们坚持反对将美国国内那些面临外国竞争的行业因为税法而变得更加缺乏竞争力。没错，目前的美国税法并没有给它们很多优惠。

二、贸易商品征税的不同

我们需要这样一部税法，它能够区别对待面临全球竞争的国际贸易领域的企业与那些不存在国际竞争的企业，这是他们在书中所给出的第二个观点。美发行业不可能外包给印度，但是我们并没有对这项服务征税。而拖拉机产业能够并且已经在全球各地生产，但是美国对该行业提供的税收环境要比世界上几乎任何一个其他地方提供的要差得多。这对在国外运营的美国公司而言同样是不利的，因为这种税收是完全没有道理的。

这就提出了一个重要的哲学问题：要不要设置一个国家的免税代码以便利于出口商管理贸易？或者说该不该为贷款给主要出口商潜在客户的机构提供资助？从某种程度上来说答案毫无疑问是肯定的。让我们想一下达美航空（Delta Air Lines）的控诉。达美航空认为美国进出口银行（U. S. Export-Import Bank）为外国航空公司购买波音（Boeing）飞机提供贷款的行为使得达美处于竞争劣势，因为如果达美自己购买波音飞机则不能享受减息融资。

阿特金森与埃泽尔认为按照我们目前的做法，在高科技工作竞争中的单方面缴械会导致像航空器制造、建筑设备、农业机械、汽车等行业中的大量的高科技、高附加值的工作机会消失，而这些行业都是中国和欧洲如今通过财政工具积极发展的行业。中国进出口银行的规模是美国进出口银行的 10 倍，不仅如此，中国政府对尚在成长中的航空器与建筑设备制造行业的补贴也使得我们对我们自己国家的公司所提供的任何好处都削弱殆尽。阿特金森和埃泽尔宣称，如果企业税改革选择舍弃实验研发税收优惠以及红利折旧的话，将会加剧恶化我们的制造业目前已经危险的处境。

三、经济增长而不是税收中性

美国进出口银行现在存在的问题（也就是在之前几页中我所提出的控诉，这虽然不幸却十分有必要，参见"Reforming the export-import bank"，Summer 2012）很大程度上来源于国会对其进行的微观管理：如今进出口银行一方面必须强制向美国公司在海外的客户提供贷款，一方面还要保证这些贷款中必须有一部分可用于支持小型企业、妇女所有的企业以及少数族裔所有的企业。毫无疑问，这些国会工作人员此刻正努力地想为那些被侵害而需要贷款的弱势群体提供一样的支持。

我们的政府努力为太多的团体做太多的事，所以告诉政府少做一些事往往是一种对政府工作方向的安全指示。但在这里却不是一个好的选择，具体而言，如果我们想要彻底改革我们的税法并想要政府资助进出口银行，我们就需要为这两个意图找到同样的目标。阿特金森和埃泽尔认为这两者的共同目标应该都在于经济增长，而为了达成这样的目标就需要我们创造出一个可以使在全球市场上竞争的美国企业获得我们所能提供的最大的竞争优势，即使这意味着那些不面临国际竞争的企业要支付更多的资金来支持政府。这一论断还是十分具有说服力的。这一相互抵触的信息，也就是说我们因为税法本身（太过臃肿等）的原因而推崇精简，只能通过把这场改革看做"干预"来作出回应。

而精简不应当是税收改革的目标，经济增长才是我们真正重要的目标。阿特金森和埃泽尔认为一部有利于投资、研究以及研发的税法能够为经济带来更大幅度的增长。那些仅仅想要通过舍弃激励机制来精简企业税法而进行税法改革的人必须解释为何这样的改革会比保留促进增长的激励机制产生更高的经济增长，或者要解释为什么为了精简就值得放缓经济增长。

如果对个税进行改革，那么精简与经济增长是有可能同时实现的，但是对于企业税改革却不能。对此，阿特金森和埃泽尔也向我们提供了极具说服力的简要说明。在这里我们有理由希望尽快给予他们更多的关注。

惩罚成功

大卫·R. 亨德森*

Rich-Hunt：*The Backdated Options Frenzy and the Ordeal of Greg Reyes*
By Roger Donway
180 pages；Atlas Society，2012

艾恩·兰德（Ayn Rand）曾挑衅地指出，大公司是美国"未经允许的少数"。尽管她没有充分证据表明大公司是如何经常使政府压迫其竞争者的，但她却这么认为。在美国有一个很普遍的观点，即假定那些成功的大公司必然是不诚实的，无论它们是如何获得成功的。不幸的是，那些无法从采取欺诈手段获得财富中辨别其诚实与否的人最终成为了商业记者。这些人的新闻报道时常忽视基本的经济学常识，但他们的读者通常不会指出来。

所以，那些诚实且成功的商人时常因为自己的成功而饱受媒体的攻击。与此同时，许多措辞含糊的商业法律法规的存在意味着那些商人，无论是大还是小，都会陷入一种卡夫卡式的困扰。

这是一件发生于格雷格·雷耶斯（Greg Reyes）身上的事。

* 大卫·R. 亨德森（David R. Henderson），美国加利福尼亚蒙特雷美国海军研究生院商业和公共政策学院经济学副教授，胡佛研究所研究员。
译者李锦程，上海金融与法律研究院研究助理。

从 1998 年到 2005 年，雷耶斯是硅谷一家名为 Brocade Communications System 的小公司的首席执行官，他在此公司获得了相当大的成功。雷耶斯按照通常惯例使用股票期权来吸引高素质人才，同时在许多人的建议下，使用倒签期权来最大化这些受雇者的股票期权。这些倒签期权使他陷入了可能入狱 30 年的法律困境。好消息是，他最终入狱 18 个月，并罚款 1 500 万美元。在本书中，哲学家罗杰·唐韦（Roger Donway）告诉你更多关于这个故事的细节，即雷耶斯如何丢掉了自己的工作，检察官如何置事实于不顾，更不用说正义。这样的结果多么令人心寒。如果不了解这些含糊的联邦法律法规就会使那些无辜的人暴露于风险之中；如果你已有所了解，但还想知道得更多，这本书正好适合你。

一、倒签期权

商业权利中心主席唐韦从一开始就清晰地表达了自己的观点。他认为雷耶斯是一个努力工作、头脑清晰的企业家英雄。与此同时，他认为雷耶斯受到指控所引述的法律是错误而模糊的。即使有人认为雷耶斯不是一个英雄，并且认为那部法律是好法律。唐韦给出了丰富的例子来说明司法系统严重污蔑了一个无辜的人，这其中包括了公诉人的不当行为和恶意指控。另一个看起来非常坏的例子来自《华尔街日报》的一个新闻版面，该版面将对倒签期权的争论大肆宣扬成期权本就不该被倒签。

在这里，有些名词需要解释。本文中股票期权被称做期权，它是指给予期权所有者在锁定期后以某一价格购买一定数量证券的权利，该价格又被称为行权价。越低的行权价意味着越高的期权价值。为什么要用期权作为雇员的支付方式呢？这主要是一种激励方式来吸引优秀的雇员。

雷耶斯选择了在硅谷具有传奇色彩的律师拉里·桑索尼（Larry Sonsini）作为自己的公司治理顾问专家。唐韦把这一选择称为雷耶斯一生最糟糕的决定。桑索尼的建议是决定期权的数量和行权价格，并将其发放给低级别的雇员，有鉴于此，雷耶斯将自己称为薪酬委员会的一员。但是，这位自称是公司治理专家的桑索尼并没有提醒雷耶斯这一建议所要遵循的法律法规以及相应的会计准则。这一事实在桑索尼被解职后得到承认。

对于任何想以期权作为奖励的人来说，行权价格的设定是最为关键的问题。许多公司通常采用的一个方法是倒签期权，即将价格设定在过去一个季度中股价所达到的最低点。相比于采用过去一个月平均价的方法，这种方式对雇员来说更为有利。雷耶斯也采取了倒签期权的方法，但没有证据表明，他为自己的期权选择了行权价格。

2005 年和 2006 年，《华尔街日报》发表了一系列关于倒签期权的文章，将其视为一个商业丑闻。例如 2006 年 5 月 22 日记者查尔斯·福雷勒（Charles Forelle）和詹姆斯·班德勒（James Bandler）写道，《华尔街日报》的分析发现这种模式（在之前某一时期选择某一天，且股价在该时期正好处于最低位）偶然发生的概率是极小的，大约为 2000 万分之一。这当然不是随机的，但是该报道却暗示，无论如何，这必然会发生。在一篇 2006 年 5 月 31 日发表的《华尔街日报》文章中，福雷勒和班德勒声称，通过倒签期权法制定的更具吸引力的行权价格会使激励机制大打折扣。但是，该观点假设了这么一种情况，即授予期权的目的在于激励员工增加公司价值，因此，公司的股价也必然会因此而增加。唐韦在文章中认为，也许公司的 CEO 会有这样的期待，但对于雇员来说，这绝不可能。

2007 年 7 月 21 日，证券交易委员会主席克里斯托弗·考克斯（Christopher Cox）、南加州前共和党保守派国会议员，以及美国加州北部律师凯文·V. 瑞安（Kevin V. Ryan）举行了联合新闻发布会。会上，他们宣布了对格雷格·雷耶斯本人和 Brocade 公司前人力资源部副总斯蒂芬妮·詹森（Stephanie Jensen）的刑事指控。在此之前的早些时候，《华尔街日报》发表了史蒂夫·斯特克罗（Steve Stecklow）的署名文章，文章标题是《一家科技公司是如何玩弄股票期权的时间的》。"一家科技公司"显然是针对 Brocade 公司的。对于文章发表日期与考克斯和瑞安的指控日期如此接近，这是一种巧合，还是说斯特克罗已经提前泄露了相关消息？唐韦认为，显然是后者。

文章中，斯特克罗揭示了雷耶斯修改雇员入职时间以便使他们的期权更具价值。雷耶斯确实是这么做了，但他的理由是符合2002 年颁布的《萨班斯—奥克斯莱法》（Sarbanes-Oxley law）。斯特克罗在他的 3 000 字文章中丝毫未提及这一事实。

斯特克罗基于两个事实来主张自己的控诉。（1）雷耶斯是一个严厉的经理，会对任何一个经过他身边而没对他打招呼的员工发火。（2）雷耶斯非常富有，买下了 12 000 英亩的加利福尼亚牧场和狩猎土地，拥有一个阿拉斯加钓鱼小屋，持有圣何塞鲨鱼俱乐部的股份，拥有加州萨拉托加一栋 10 000 平方英尺的豪宅，以及超过 6 辆汽车包括一辆保时捷和一辆法拉利。

当资本家们对自己的雇员百般刁难，自己花钱却大手大脚的时候，美国的资本主义会走向何方？显然，只有诚实的 CEO 们才会善待自己的员工，开着普通的丰田车。

二、审判

概述庭审过程是一项艰难的任务，但唐韦却是一个大师级的叙述者，该书第 53 页到 134 页非常值得一读。接下来，我会突出几点。

雷耶斯案情的关键点不在于倒签期权，也不在于使用伪造的员工入职记录，因为这两点都不构成犯罪。案情的关键在于，雷耶斯在股票期权的成本上是否进行了会计欺诈。期权的成本越高，Brocade 公司股东的开支也就越大。也许你会认为，如果股东的权益真的受到了损害的话，检方将会寻找那些声称自己利益受到损害的股东出庭作证。然而，情况并非如此，正是检方，而非辩方，拒绝了陪审团中一位持有 Brocade 公司股票的陪审员。

对雷耶斯来说一个不幸的消息是，主审该案的联邦法官是查尔斯·布雷耶（Charles Breyer）。尽管唐韦在书中并未提及此事，又或许他根本不知道，布雷耶在 2003 年因为审判企业家埃德·罗森塔尔（Ed Rosenthal）种植大麻案而身背恶名。在该案件中布雷耶忽视了罗森塔尔的辩护律师所提供的罗森塔尔只是加州奥克兰地区政府医用大麻项目的代理人这一证据。当罗森塔尔被判有罪后，一些陪审员为自己事后才得知这一事实而感到愤怒。表面上，布雷耶对于罗森塔尔案件从轻进行了判决，但是那些长期跟踪此案的人不这么认为。在案件宣判前，一些布雷耶的邻居已经对其本人及其家属进行了言语上的攻击。因此，从某种程度上来看，从轻判决更多地可能来自其邻居的压力，而不是人道主义倾向。

可以确定的是，布雷耶以一种相对激进的方式介入了雷耶斯案的审讯。一位原告证人声称，雷耶斯对股票期权的计算方式消极地影响了该公司的股票市场价格。根据唐韦的说法，庭审记录显示布雷耶在检方没有一次反对的情况下，打断了辩方对证人的盘问，这一频率在仅仅 14 页记录中就高达 9 次。此外，在闭门审议中，检方律师蒂莫西·克鲁多（Timothy Crudo）在一个关键问题上撒了谎，当辩方律师理查德·马曼罗（Richard Marmaro）抓住这点要求无效审判时，布雷耶以一种毫无说服力的方式对陪审团补救道：闭门陈述只是一种争辩，不能作为证据，律师的说法会有一些错误。这简直太令人震惊了！尽管布雷耶并没有指出他所称的律师究竟是检方律师还是辩方律师。

幸运的是，来自美国第九巡回上诉法庭的由 3 位法官组成的合议庭基于检方的不当行为，部分否决了有罪定论；不幸的是，唐韦并没有明确告诉读者这一结论，而是由读者自己弄明白。更不幸的是，第九巡回法庭让检方自行决定是否复审，检方尽管进行了复审，但是十分不满来自第九巡回法庭的指责。这一次雷耶斯又被布雷耶认定为有罪，他不得不接受这样的判决。

三、结论

我从这本书上得到的一个启示是，我们应该避免那些模糊的法律，这些法律会使很多人因为会计差错而入狱。另一个获得的启示是，需要创作更多这类书。大约一个世纪以前，当埃米尔·佐拉（Emile Zola）公开出版《我控诉》时，法国社会远没有我们现在富裕。如今，捐款人每年都会捐献至少数以亿计的美元来支持那些主张自由的智库。然而，罗杰·唐韦是我所知仅有的一个作家，通过细致的调查，用一种咄咄逼人的形式反对针对企业家的司法暴行。

市场上应该多有 10 本这样的书。如果捐赠者对于这类调查和作家给予更多的捐赠支持，那么这个世界将会变得更美好，自由市场将有更大发展。

一次精彩的修正

大卫·R. 亨德森[*]

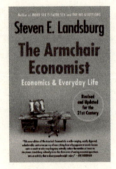

The Armchair Economist：*Economics and Everyday Life*
By Steven E. Landsburg
316 pages；Free Press，2012

　　史蒂文·兰兹伯格（Steven Landsburg）的《日常生活中的经济游戏：反常理思考 24 问》堪称有史以来最好的经济类著作之一。该书见解深刻、深入浅出，同时又发人深省，充满激情和智慧。如果我要将我欣赏它的各个方面及其原因——列举，这篇书评会颇为冗长。因此，我将强调该书一些尤为上佳和重要的部分，对某些部分作出延伸，对某些部分进行批判。

一、对于与众不同的偏好

　　题为"无差异原则"为该书最富有洞见的章节之一。就这一原则，史蒂文·兰兹伯格阐释如下：除非你在某些方面异于常

　　* 大卫·R. 亨德森（David R. Henderson），美国加利福尼亚蒙特雷美国海军研究生院商业和公共政策学院经济学副教授，胡佛研究所研究员。
　　译者王渊，上海金融与法律研究院研究助理。

人，没有什么能比次佳选择能令你更愉悦。例如，与内布拉斯加州的林肯市相比，你可能宁愿住在旧金山，但是如果每个人与你偏好相同，居住在林肯市的人都会迁往旧金山。这一迁移何时停止？当对旧金山房屋的高需求量导致其房价飙升，而林肯市房屋的低需求量使当地房价降低——直至这两地同样吸引人的程度。居住在旧金山的许多人并非无选择差异，而相对于林肯市，他们偏好居住在旧金山这一事实并不能证伪史蒂文·兰兹伯格的论点；这仅仅意味着，并不是每一个人都一样。他注意到，我们中的大多数人在许多方面都不同寻常，并指出了一个基本经济学理论的重要隐喻："生命中的最大收获来自我们最为与众不同的方面。"因此，如果你热爱旧金山，你并不属于对旧金山和林肯市之间的选择无差异的边际人群，你从居住在旧金山中获得巨大利益。简言之，与众不同的偏好提供回报。

因此，史蒂文·兰兹伯格注意到，与众不同的禀赋也是如此。旧金山巨人棒球队的蒂姆·林斯卡姆（Tim Lincecum）挣很多钱——这并不是因为他是一个好的投手，而是因为他比几乎其他所有投手都要好（或者说，当他签订合同时曾经如此）。

兰兹伯格运用这一"无差异原则"解释说，要求理发师获得一份昂贵的许可对于理发师而言并不会造成损害，但是它会损害那些需要理发的人。同理，警察惩罚毒品贩子并不会对毒品贩子造成伤害，而是会伤害毒品使用者。

兰兹伯格发问，谁能够避免"无差异原则"带来的后果？只有好的固定资源的所有者能够避免。他写道，对于男演员的需求增长并不能使男演员获益，因为这会给这一行业带来新的进入者。但是对于本·斯蒂勒（Ben Stiller）的需求增长会使本·斯蒂勒获益，因为他独一无二。他是一种固定资源。兰兹伯格展示了一个公共政策的重要含义：如果美国环境保护署（EPA）成功减少污染，污染程度较轻的地区的居民未能从其居民身份中获益。他们的获益仅限于在污染减轻之前，其在污染程度较轻的地区拥有土地。

兰兹伯格进一步论证，如果并无所有者，便无获益。他举了一个例子，虚拟城镇春田市的政府斥资 1 000 万美元建造一个水族馆，并决定每个人都可免费参观。人们因此在入口处大排长队。他们需要排多长时间的队？直到他们排队所花时间的价值使得他们对于去水族馆态度中立/"无差异"。由此，他们从水族馆未能获得"消费者剩余"：建造支出纯属浪费。如何能转变这种浪费，让某个人拥有它呢？

二、无谓损失

兰兹伯格精美地展示了为什么经济学家认为税收是个坏东西。这并不是因为政府从甲那里拿钱并把钱给乙。作为经济学家，我们不能判断这是好还是坏。但是经济学家将无谓损失的概念纳入讨论——即，被征税者的损失并不能使任何其他人获益。通过激励纳税人避税，税收导致了无谓损失。因此，税收的无谓成本自相矛盾地因为人们避税的努力而产生。

而这使我能够以我认为兰兹伯格也会同意的方式延伸他的思考。下一个想法并非我的原创，而是来自吉姆·布莱克（Jim Black)，布莱克是我在30多年前圣塔克拉拉大学教授的一名聪明的本科生，如今他是旧金山一名成功的律师。布莱克指出对征税的巨大反对是针对政府如何支配税收。他解释说，如果政府从你手中征走1万美元的税，但是完全按照你本来的支配方式进行支配，并且该征收成本为零，征税便不成问题。你也不会试图避税。因此，税收的无谓损失是税收支配。

三、纠正传统思维

事实上所有的经济学家都支持自由贸易。一个主要原因便是，自由贸易以较低价格购买既定质量的产品。兰兹伯格以一个真实故事说明了这一点。当乔治·W.布什总统放松针对日本产卡车的进口限制时，克林顿总统抱怨美国并未由此获得相应回报。布什回答说，它获得的是日本政府对美国商品开放了市场。兰兹伯格评论道："明显地，双方都未能注意到美国人在购买日本产皮卡卡车时所获得的是日本皮卡卡车。"

伊丽莎白·科尔伯特（Elizabeth Kolbert）在她 2010 年《纽约客》杂志的文章中宣称，收入和幸福并无关系。她指出，调查显示虽然收入增加了，现在的平均自评幸福水平与相对贫穷很多的 20 世纪 50 年代不相上下。她以赞许的态度引用了哈佛大学前校长德里克·博克（Derek Bok）的问题："为了持续使国内生产总值（GDP）翻倍而如此长时间地工作并冒着带来环境灾难的风险究竟意义何在？"兰兹伯格展示了所有这些问题，然后指出，自 1965 年，除了更多收入，美国人平均获得"约每周 6 个小时的闲暇时光"。如果幸福并未增多，他恶作剧般地问道："为什么博克和科尔伯特没有问为什么我们还有从家里去办公室的必要呢？"而是去度假？然后他继续指出为什么调查显示幸福感会持续存在的一个常识性的原因：被询问他们有多幸福的人倾向于回答一个不同的问题。他们倾向于基于他们是否比寻常人幸福或者比他们的朋友幸福作出回答。他通过举出今天的美国男性比 100 年前的美国男性要高 2 英寸这一客观情况宣扬了自己的观点。但是回答"你高吗？"这一问题，一名 5 英尺 9 英寸的男性很有可能在一个世纪以前作出肯定的回答，而在今天则作出否定的回答。

很有可能的情况是，你，像我一样，并不是一个吸烟者。兰兹伯格表示，如果我们购买人寿保险，我们就能从他人吸烟的事实中获得收益。为什么？因为保险公司要为我们的风险定价，而它们对我们从事行为的危险程度仅获得了有限的信息。一项与危险行为正面关联的行为是吸烟。吸烟者通过吸烟自行选择作为高危类别，而我们这些非吸烟者则通过不吸烟选择进入低危类别。他分析说，相似地，如果没有规定摩托车手须佩戴头盔的法律，头盔的使用者相对于非使用者很有可能是低危人群。因此，如果政府要求佩戴头盔，法律便扭曲了保险公司获得的关于你的信息：他们不知道你是否属于自愿佩戴头盔的人，还是仅仅是因为法律要求而这样做。兰兹伯格总结说，据此原因，一项佩戴头盔的法律将实际上提高这些无论法律有无规定都会佩戴头盔的人的保费。

对于美国人的实际收入在过去几十年中是否增长以及增长了多少，近年来有大量与此有关的争论。通常找出答案的方式是：

估量经考虑通货膨胀因素调整的家庭收入中位数，就此，兰兹伯格注意到，1996年至2005年间仅增长了5.3％。但是，他也注意到，这一估量方式存在的关键问题是，家庭规模变小。他解释说，对针对家庭规模的变化的数据进行修正后，显示了过去这些年中实际收入猛增24.4％。

四、混淆视听的环保理念

对于该书我最喜欢的部分是"我为什么不是一位环保主义者"这一章。这一章中有许多精彩的、富有激情的推理。作者讲述了他的女儿在学前班是如何被灌输拙劣教条的。在庆祝她女儿从学前班毕业的典礼上的车轱辘颂歌——举行这样的典礼本身就是一个令人担忧的信号——称对于地球资源而言，"享受权利便应承担责任"。兰兹伯格犀利回应道："托马斯·杰弗逊认为，生活在地球上不仅仅是一项特权，更是一项不可剥夺的权利，可是他可从没上过什么学前班。"

他对环保主义者们的许多宣言作出了探究，并指出它们之间存在严重不一致。考虑一下建造停车场和将土地保留为荒地之间的选择。环保主义者论辩说，建造停车场的决定造成的后果将无法挽回。兰兹伯格同意这一点，但也指出，不建造停车场的决定造成的后果在一个重要方面也是无法挽回的：如果不建造停车场，人们将丧失今天在那里停车的机会。他写道："即便在更为遥远的将来有停车的机会，也不足以取代（今天）所失去的机会。"

此外，兰兹伯格注意到，如果环保主义者如同他们宣称的那样关心为子孙后代节约资源，更多的环保主义者应当反对就资本收入征税和社会保障系统，这两者都"鼓励在当下进行过度消费"。

五、一种批评意见

在一篇题为"毒品战中支持哪一边"的章节中，兰兹伯格对于载于1990年11月《大西洋月刊》的一篇由理查德·J. 丹尼斯

（Richard J. Dennis）撰写的文章进行了有力的批判。丹尼斯反对毒品战。事实上我确定兰兹伯格也反对毒品战，但是他也反对拙劣的论辩。丹尼斯便进行了许多这样的论辩，而兰兹伯格对之进行了恰如其分的剖析。

　　不幸的是，兰兹伯格也将自己的拙劣论辩加入其中：他错误地评估了将目前非法毒品合法化导致的毒品价格降低带来的收益。兰兹伯格认为，就人们已经在使用的毒品数量而言，毒品价格的降低并不会带来净收益。他将毒品价格降低的逻辑推演至降低披萨价格，并总结说，消费者从其在高价时也会购买的披萨的数量由于其降价而获得的好处，刚好被这一数量披萨的生产者的损失所抵消。但是这忽视了为什么毒品合法化会使其价格降低。这是因为合法化降低了贩卖毒品的风险，因此毒品贩子不再由于承担这一风险受到补偿。兰兹伯格的无差异原则应使他得出这一结论。因此，消费者因价格降低获得的收益不会对生产者产生将之抵消的损失，这是一个社会纯收益。

　　尽管如此，对于一本 316 页的书来说，仅犯了一个错误仍是个了不起的成就。

出轨的高速铁路

艾克·布兰农　伊丽莎白·洛厄尔[*]

奥巴马总统在其 2008 年的总统竞选中花费了很大的精力并且动用了他政治资本中的一部分优质资源来宣扬高速铁路的优点，似乎高速铁路是治愈美国经济问题的灵丹妙药。随着 2011年共和党夺得美国众议院多数席位，他寻求让高速铁路列车穿行于东西海岸之间的目标逐渐成为泡影。然而，从奥巴马青睐高速铁路这一点上可以学到的政策教训却是很重要的。近日由众议院调查员曝光的加利福尼亚州高速铁路项目的崩溃使得在这样一个

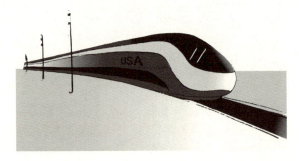

　　*　艾克·布兰农（Ike Brannon），R 街研究所研究主管；伊丽莎白·洛厄尔（Elizabeth Lowell），美国行动论坛前任分析师。
　　译者辛辰，上海金融与法律研究院研究助理。

饱受赤字之苦、横跨整个大陆的国家，对于授权政府主导的全国高速铁路网络的更广泛的经济关注日益突出。

一、刺激?

实施遍布全国的高速铁路最初是 2009 年经济刺激方案的一部分。假设临时花费的方式可以刺激经济，那么认为实施高速铁路所需资金会很快注入实体经济的想法已经被证明是荒诞可笑的了。在 2009 年经济刺激方案拨付的 39 亿美元中，截至 2011 年年末实际只有 1.42 亿美元被花费掉了，而这些钱主要用于支付环境研究以及初步设计。所有的联邦刺激基金都要求在 2017 年花完，很难对 2009 年的衰退形成快速的反应。

命令快速地花费资金有一系列有违常理的副作用。该要求意味着联邦铁路管理局催促加利福尼亚州执行刺激基金在人烟稀少的中央山谷开始建设路段，这一地区是该项目最没有经济意义的地区，但同时也是争议最少的地区。加利福尼亚州高速铁路局声称该项目能提供 10 万个就业岗位，而该项目的环境评论估测即使在建设的高潮期，也只能创造 3 000—4 000 个直接、间接以及相关联的工作机会，但是该项目却可能造成一定数量的工作岗位流失。基于州政府不断增长的预算、深陷赤字泥潭的现状以及对于联邦资助过于乐观的预测（论调是 380 亿美元，超过了总成本的一半），这些刺激基金能实现的最好的结果很可能就是在偏僻的地区建成了一小段铁路，并且创造了微乎其微的工作岗位。

加利福尼亚州高速铁路项目同时也变成了一场管理上的灾难。伊丽莎白·亚历克西斯（Elizabeth Alexis）是加州倡导负责轨道设计机构的联合创始人，2011 年 12 月她曾在众议院运输和基础建设委员会发表证词，证明加利福尼亚州高速铁路将覆盖的多数里程都穿越在平坦开阔的中央山谷之间，其估测的每英里的成本大约是法国最大的高速铁路项目的 5 倍。她进一步强调了机构方面的关切，并描述了 7 位项目员工中就有一位监督超过 100 家不同的咨询企业以规划铁路系统的每一个部分。起初，在 2008 年项目计划耗资 430 亿美元，最近的一份商业计划预测项目成本为 680 亿美元，并且完工日期要延后 10 年。此外，到目前为止，该项目没有引起私人部门的任何兴趣，而该项目假定私人资本最终会覆盖总成本大约 20%，并且票价仍将保持在不切实际的地位，旧金山到洛杉矶的平均票价为 81 美元。

从历史的角度看，美国的城镇铁路乘客项目超过了他们最初估测成本的 40%，同时，美国客运铁路的规划者们高估了上座率，他们预测的上座率比实际情况高了 100%。克利夫·温斯顿（Cliff Winston）是布鲁金斯学会的一名经济学家，他观察到"建造铁路系统的成本往往因为超出预期而炒得沸沸扬扬，而上座率又往往比预期要低得多"，同时需要注意的是在美国除了旧金山捷运外没有哪条铁路能无亏损经营。

世界银行的一份研究确认，高速交通项目很少与预测的上座率相吻合，这些项目中没有哪个可以通过营收覆盖哪怕是一部分的资本成本。该研究建议政府对需要持续的预算来支持债务成本的高速铁路项目深思熟虑。政府在经济地选择或者管理铁路项目方面没有很好的记录，并且任何经济刺激都会很快湮没在未来必然的长期持续的债务偿付之中。

二、计划不周的投资

尽管支持基础设施项目可以通过减少拥堵和通勤时间来促进长期的经济效益，但是高速铁路在美国的大部分地区都不是有效的交通运输系统。100—500 英里里程的高速铁路线路在人口稠密的地区是有价值的，因为它们连接了人口密度极高的城市中心，从而具有充足的潜在上座率。日本的东京至大阪一线途经世界上人口最为稠密的地区，每年吸引了超过 1.5 亿乘客。伦敦至巴黎一线大约 300 英里并且连接了人口密集的首都城市，而上海至北京一线则连接了两座各拥有 2 000 多万人口的城市。相比之下，加利福尼亚州高速铁路长达 800 英里，却途径人烟稀少的地区。此外，最早的建设路段将连接夫勒斯诺（50 万人口）和贝克尔斯菲（35 万人口）——这些都不是那种有必要建设高速铁路的主要的大都市。

对上座率的胸有成竹是使得高速铁路成为一个极具吸引力的商业提议的关键。而加州线至今未能吸引任何私人资本，同时上座率的预测也仍然令人疑虑重重。尽管威斯康星州和佛罗里达州都拒绝了在它们州建设高速铁路的联邦资金，因为它们不愿让州内的纳税人来补贴无法自持的铁路线路未来的运营成本，但是加利福尼亚州依然执迷不悟。

建设可以自持的高速铁路系统的主要障碍是该系统的基本规模不经济：例如，将列车提速 1 倍，其成本的增加将超过 1 倍。Amtrak 运营着美国的大多数客运列车，但是其与货运列车共享着很大一部分的铁轨。将列车的平均速度提高 1 倍要求 Amtrak 建造全新的铁轨，与旧的道路完全分离，这就要进行路权谈判，购买土地，并且建造更多的隧道、桥梁和护栏。维护则需要价格昂贵的新的连绵不绝的传感器和监视系统。在一定程度上，因为这些原因，加利福尼亚州采用了一种"混合方式"，即其提议建设的高速铁路将以普通列车的速度运营，并共享在旧金山和洛杉矶附近的现有的铁轨。

据巴黎的国际铁路联盟高速铁路部主任所言，高速铁路线项目是无利可图的。只有巴黎至里昂一线和东京至大阪一线能实现收支平衡，而这还要多亏了纳税人的补贴填补了其最初的投资成本。事实上，根据 2008 年 Amtrak 的研究，法国纳税人每年大约要花费 100 亿美元补贴他们的高速铁路系统。或许美国人也愿意支付巨额税款来持续补贴高速铁路，但是那和展现给他们看的项目并不完全相同。

尽管奥巴马总统呼吁效法欧洲国家对于高速铁路网络的热忱，但是这些国家对此类项目的热衷已经衰退了。日本面临着类似的问题。尽管日本的东京至大阪一线被证明是盈利的，但是后续的其他线路都在亏损。日本国家铁路公司试图提高票价扭转局面，结果迫使更多的乘客选择了汽车。

鼓励高速客运铁路也可能迫使更多的货运选择公路运输。在美国大约 1/3 的货运通过铁路，而在日本这一比例只有 4%。欧洲的这一比例也在下降，如今只有 1/6 的货运选择铁路运输。

三、未来

在美国，只有在一个地区建设高速铁路是合理的：那就是人口稠密的东北走廊。而在那里高速铁路还未被大力推行。东北走廊是美国人口最为密集的地区，纽约市和华盛顿特区相隔超过200英里，其间还有费城和巴尔的摩这样的大城市。这里还是唯一的客运列车不和货运列车共享铁轨的地区。95号州际公路德尔城镇路段有超过60％是极度拥挤的，同时纽约空域也是全国最拥挤的空域。专家预测，随着铁路基础建设的改善，东北走廊的上座率可以轻易地增长一倍或者两倍。

但是奥巴马政府非但没有将推动高速铁路的努力聚焦于东北走廊，反而将90亿美元的拨款分散在全国各地，多数都定位在适当的基础设施升级。联邦主导的运输资金的问题就是如果项目只能使得国家的某一个地区获利，不论这个项目多么有效，都会阻止对其的资助。而且将资金集中在东北项目，在政治上也行不通，尤其当佛罗里达州这样的摇摆州可以从高速铁路项目获得资金的时候。全国铁路旅客协会的主席兼首席执行官罗斯·卡彭（Ross Capon）表示，政治现实导致了高速铁路的失败，即使是在美国可能适合建设高速铁路的地区，当他向众议院运输和基础建设委员会解释"高速城际客运铁路项目必须是全国性的，不论眼下有多少个州为高速铁路做好了准备"。

要使高速铁路在经济上合算需要几项因素相结合：较高的人口密度、人口中心之间恰到好处的距离、大众习惯（愿意）弃置他们的汽车而选择公共交通，同时要有一个可靠的资金来源为项目提供大量的先期成本。而加利福尼亚州高速铁路项目不符合以上任一特性，然而其最近的一次重述还是被加利福尼亚州立法机构批准通过了。对于经济现实使加州以及全国其他地区的高速铁路项目难以为继的情况来说，这只是时间的问题。唯一的问题是，在该经济现实被政客们接受之前究竟要有几十亿美元付诸东流。

小型企业规制：一项案例研究以及为改革提供选项

萨姆·巴特金斯　艾克·布兰农*

　　监管者不可避免地要在他们想把世界变得更加安全清洁的愿望，以及管制企业生产销售他们的商品和服务所产生的成本之间作出权衡。尽管监管者毫无疑问地意识到这样的权衡，但是典型的管理机构——或者说奥巴马政府——并没有明确显示出他们对这种权衡的高度关切。

　　为了试图引起一些机构的关注，国会于 1980 年通过了《监管弹性法案》（Regulatory Flexibility Act，RFA），以期迫使各机构在任何提出的规章所产生的成本被认为过量的情况下，鉴别其他规制的替代选项。然而，尽管国会的意图是降低商业的规制负担，但是政府却实实在在地增加了总的规制负担。

　　为了展现现行的规制弹性法案的不足之处，美国行动论坛仔细分析了 10 条新规，这些新规一旦被实施，将会对小企业产生严重的影响。我们发现尽管有悖于该法案的立法意图，但是小型企业仍将会发现它们的规制负担在未来的几年大幅加重了。

　　这 10 项新规如表 1 所列，会对企业强加大约每年 35 亿美元的成本以及超过 2 870 万小时费时的、繁文缛节的文书工作，从而迫使企业再另外雇用 14 300 名员工给这些文书工作归档。然

---

　　* 萨姆·巴特金斯（Sam Batkins），美国行动论坛的监管政策主任；艾克·布兰农（Ike Brannon），R 街研究所研究主管。
　　译者辛辰，上海金融与法律研究院研究助理。

而，这些规制尚未引发任何涉及规制弹性法案的严肃讨论。这就显示出国会或者政府需要重新审视并修订该法案。

表1　重大规制对小企业的影响

规制名称	成本(百万美元)	文书工作负担(小时)
能源节约标准:空调设备	876	N/A
平价医疗法案菜单标签	757.1	622 000
运输时间的服务规则	470	N/A
平价医疗法案自动售货机标签	421.3	842 000
国家劳动关系委员会的工会公示标签	386	12 000 000
教育有偿工作原则	338	284 028
环境保护规章	230	625 000
多德-弗兰克法规	32.2	6 467 000
平价医疗法案的医师费用表	1	200 000
多德-弗兰克法规 E	N/A	7 684 000
总计	35 亿美元	2 870 万美元

一、司法检查

法庭近日对此有所推动，驳回了我们检查过的规则中的两条。大卫·诺顿（David Norton）法官是南卡罗来纳州的一个地区法官，他发现国家劳资关系委员会在其工会通知规则中超出了其法定权限，而这一规定将要求大约 600 万雇主张贴通知告之其雇员的工会权利。国家劳资关系委员会未能对该规定进行收益成本分析，但是承认这会增加小企业的负担。国家劳资关系委员会随后辩称"雇员（以及雇主的）的'社会效益'正成为熟知的雇员（劳动）权利，其价值大大超越了雇主张贴通知告之雇员这些权利所产生的极其微小的成本"。对此，诺顿法官不敢苟同。

法庭驳回教育部的"实质报酬雇用"的规则可能对于奥巴马政府来说更为难堪。该规定本将迫使以盈利为目的的教育机构符合联邦对于债务偿还的新指标，这意味着对这些机构造成了 3.38 亿美元的收入损失（令人好奇的是，该规定豁免了公立和非营利学校）。奥巴马任命的鲁道夫·孔特雷亚斯（Rudolph Contreras）法官判决该规定无效，因为他发现政府的债务偿还标准"没有任何的事实基础"，并且认为该项规定"并非合理的决策"。

然而，法庭看似不会判决单子上的其他规则无效，因此决策者必须在第一时间确保这些规则不会被采用。这使得建设一项保护小企业不受政府无视强加在经济体或者企业身上的成本而追求一项意识形态议程的意图的规制监督框架势在必行。行政管理和预算局下属的信息和规制事务办公室——通常被视为不良规制的看门人，它的无能表明需要一些保护小企业的改革措施，方法是联邦机构需要提供程序透明和程序数量适当的规则。

二、改革支离破碎的系统

《监管弹性法案》要求所有的机构证明一项规则是否会"对

大量的小规模实体产生严重的经济影响"，例如小型企业。各机构还必须为其决定提供事实根据。然而，对于构成对小规模实体严重经济影响的概念在各机构中却大相径庭，并且只有一家机构（卫生部）有一套量化标准。

各管理机构未能鉴定什么会造成"严重经济影响"是规制弹性法案不幸的后遗症。由于没有可鉴别的度量来判定对于小型实体的严重影响，许多机构干脆放弃分析，并且未与被管理实体进行协商。

《多德—弗兰克金融改革法案》（Dodd-Frank Financial Reform Act）的E规章就是"严重经济影响"模糊定义所造成的问题的最好例证。被监管的实体以及小型企业管理局都要求让小企业倡导审查小组寻求这项规定的替代方案，但是新成立的消费者金融保护局拒绝了他们的请求。其结果是，这项对小企业强加了7 600万小时文书工作负担的规定在没有小型实体参与甚至是粗略的收益成本分析的情况下就通过了规制制定过程。

《监管弹性法案》的失败未能逃脱监管的环节。政府问责办公室以及国会研究处已经就规制弹性法案对"严重经济影响"量化的失败进行研究。在一份2007年的报告中，政府问责办公室发现"各机构对于关键术语例如'严重经济影响'的含义存在困惑"。此外，各机构还报告规制弹性法案"其要求不如他们任意评估的那样综合，因为他们局限于'严重经济影响'的规制"。很显然，机构对于关键术语的困惑没有使得小企业获利或者加强监管问责。

国会研究处注意到缺乏针对"严重经济影响"的量化标准使得数十家机构建立了自己的标准。这种差别处理使得环境保护署决定每年1 760小时的文书工作不能被解释为对于小企业的负担。国会研究处发现一个案例，其中一家机构总结道："每年数千美元对于数千个小型实体来说并不意味着严重的负担。"如果个人每年的税负增加数千美元，决策者毫无疑问会将其影响视为严重的，但是《监管弹性法案》的模糊定义确保这些负担为人所忽视，并且小企业的抱怨也未被理睬。

据小型企业管理局的"政府机构导览"所述，只有卫生部对判定"严重经济影响"有量化等级：如果在 5 年内，受影响实体的收入下降或者成本上升超过 3%—5%，那该规则就被视为是影响严重的。这对于其他机构建立自己的定义是个很好的开端，但是小型企业管理局对于在这个方面进行深化持保留态度，其辩称以一概全的标准是失当的。

前信息和规制事务办公室主管卡斯·松斯坦（Cass Sunstein）对量化规制分析作出了更新的强调。管理部门很乐意量化收益以证明某些规制行为的正当性。在对各机构下达了四项行政命令以及数不清的备忘录以后，没什么能阻止白宫让行政机构实施量化的"严重经济影响"的标准。

一项新的行政命令，甚至是一项非正式的备忘录要求继续执行规制弹性法案都将会是对于线性体系的一项改进。在此情况下，信息和规制事务办公室可以实施一套灵活的量化标准并使得被监管的实体能更加方便地召集一个小型企业审查小组。

现存的零和游戏通常将小企业置于规制争斗中失败的一方，这一状况不能再持续了。法庭不可能总是充当矫正狂妄规制的救世主。

有许多的规则和由此产生的总计 35 亿美元的执行费用为明证，现行的《监管弹性法案》没有给小企业带来任何利益。一套量化但灵活的标准，至少应该注入一些程序上的透明度，从而可以朝着放松管制的方向迈出第一步。

委员过剩?

南希·A. 诺德*

国会已经建立了很多独立的多成员委员会——包括美国消费品安全委员会——基于它们独立于政府的理论以及委员会成员们交错的关系，从而使机构超脱于政治和解决关键问题之上。尽管基于我个人的经验，政治恰恰是美国公众所享有的。

我在消费品安全委员会的三段关键时期的经历阐明了这种合作关系的成因和效果。第一段经历始于全面改革法通过伊始，彼时委员会中有两个常务委员；第二段经历是在主席委派完委员会中全部的五个席位之后；而第三次是在一个委员离任时消费品安全委员会内再次形成均势之时。在第一段时期，委员们通力合作完成了很多重大的任务。在第二段时期，委员会因为政党异见被分为了 3∶2 的态势，彼时争论是家常便饭，很多关键政策往往在没有充分考虑到少数人的关切的情况下就草草定夺。在第三段时期委员之间再次同心协力，但是这样的合作并不深入，并且没有延伸到真正存在争议的事务当中。他们往往并不急于着手解决争议性事务，而是拖延到当年 10 月直到国会党派多数回归。

多党派成员的委员会不可避免地会造成政治上和个人之间的异见。但是只要有好的数据和分析，一个独立的行政官可以作出

---

* 南希·A. 诺德（Nancy A. Nord），美国消费品安全委员会的理事以及前任代理主席。

译者辛辰，上海金融与法律研究院研究助理。

和一个委员会一样好甚至更好的决定，同时还能避免党争造成的偏见。基于以上经验所汲取的教训，我诚挚地建议：用独立的行政官取代由 5 位成员构成的消费品安全委员会。

一、两名委员

消费品安全委员会是 40 多年前在尼克松政府时期成立的独立的监管机构，它负责监管不安全的消费品。最初，该委员会有 5 名成员。但是在 20 世纪 80 年代初期，为了节省经费，两个委员会席位因为没有拨款而形同虚设。在国会的庇护下，这样的安排一直持续到了克林顿和小布什政府时期。

2006 年，三人席位的委员会出缺，使得委员会只有两名委员——一位民主党委员和我，一位共和党委员——我们两人的观点时常相左。随后，2008 年，国会通过立法极大地增大了我们的权力同时也增加了我们的责任，要求我们在几乎不可能的短时间内发布多项规章，却没有给我们提供任何新的资源来协助我们完成任务。

仅有两位委员却要面对如此多的待处理事项，我们仅有的选项是要么不同意并且让机构的工作放缓或者停滞，要么找出我们同意的部分并且实施新的法律（同时尽可能地继续我们的常规工作）。我很欣慰的是我和我的同事选择了后者。即使我们遇到分歧，我们也能找到折中方案并且完成工作。坦率地说，我们必须如此。作为负责任的委员我们别无他法，我们两人都清楚地意识到了这一点。我们在 9 个月的时间内推出了 25 条规章以及其他重要的规制行为。考虑到委员会一贯的效率，这一成就是非凡的。

二、五名委员

与之相对的是奥巴马总统上台以后，总统和国会填补了空缺的三个席位，包括在最近的立法中被重新授权的两个席位。这使得委员会又变成了由五名委员组成：三名民主党委员和两名共和党委员。

这样安排的结果是意料之中的。重要的政策事务往往以 3：2 的表决结果决定。其结果就是三名民主党委员决定政策然后通知共和党委员。我们确实有讨论，有时处于少数的共和党委员也会在一些方面占上风。但是这通常都是在一些细枝末节的事务上，而不是核心政策。

我们两位处于少数地位的共和党委员并没有袖手旁观。没有看着民主党委员们利用委员会广泛的通信工具来宣扬有缺陷的政策，我们向公众表达了我们对于存在争议的决定的关切。在对一般委员所做声明时遵守的投票规则和投票政策予以了解的基础上，我还建立了博客，nancynord. net，并且开始定期地发布我的立场和理论。我的共和党同事安妮·诺瑟普（Anne Northup）也做了同样的事。在我们的书面陈述、博客、推特以及公共会议的评论中，我们两人都对处于多数的民主党委员的决定以及导致这些决定的程序表示不满。

这是多数派和少数派之间过激的党争吗？不，这只是选举导致的结果，并产生了一系列后续影响。总统会把他们的人安排在有权力的职位上，而这些被任命者凭借着他们自己对于职责的理解来履行他们的责任。在必须有党派划分的委员会中，关于履行职责方式的分歧是注定要产生的。

三、四名委员

2011 年秋，一位民主党委员离任之后，事态再一次发生了改变。一些政策决定在毫无异议的情况下通过。尽管实现一致同意的过程是漫长而沉闷的，其结果却往往是合理的。在重大事项上的共识使公众对于这些决策更有信心。我们确实看似是因为别无选择才同心协力，就像 2006—2009 年间只有两位委员时那样。因此，如果我们要有一个委员会，那就让派系平均分布，让他们看似协同合作。但是难道这就是解决方案吗？

在这样的合作背后，你会发现很多事项上的共识是薄弱的，而真正具有争议的事务通常都被推延了。在一个近期的事例中，委员会看似一致同意对一项颇具争议的规章进行一系列适度的改进，但是最后的协议只是同意考虑改进并且在未来完成某一事件。在另一个事例中，委员会遇到了 2∶2 的僵局，此后，在民主党多数 2∶1 的情况下没有经过解决导致僵局的关切的任何努力就抹去了已经被否决的提议。这一从达成一致到重现分歧的快速转折显示出共识不仅仅是环境的产物，而且是颇具病态的结果。

与其寄希望于冷静客观的两党合作（或者无党派制度），不如重新检验将多成员机制引入消费品安全委员会的决定。我相信，一个信息完备的有独自决策权力的独立行政官是实现基本政策目标的更好的方式。既然在现行结构下做决策所承受的政治压力并不比独立行政官所面临的小，因为我们不会丧失政治独立性，所流失的只是很多政治喧嚣而已。

四、独立合理的分析

这种多成员机制的正当之处在于他们是独立的，因为他们的成员来自不同的政党，有着不同的背景，也正是他们构建起了选举中错综复杂的关系。我在消费品安全委员会的经历，揭示出委员们的独立更多的是一种可望而不可即的期望而不是现实。在不记名投票中，跨越政党界限的情况是很少出现的。在我的任期内，这种情况只在极具争议的事务中出现，并且有一次，加入了对方阵营的委员最后撤回了他的投票，由此可见代表们之所以改变心意往往是因为来源于消费品安全委员会意外的各方压力。

当独立的机构充满激情地宣称他们的特权时是很值得深思的。在应对总统制定的行政命令时，各机构会小心翼翼地避免顺从地履行这些义务，但是他们宣称会主动地合作。这已经成为了消费品安全委员会的惯用伎俩，但是对总统命令更不屑一顾的论调正甚嚣尘上。当奥巴马总统发布 13579 号行政命令时，消费品安全委员会并没有显现出一贯的顺从态度，而是口头上表示合作，行动上却对其无视。

更为重要的是，该项命令提议运用一项很重要的工具——成本效益分析，对此，大多数委员都拒绝使用这项供给，除非法规中有明确要求。这项分析供给正变得日益重要，并且在过去的 40 年间被广泛接受，共和党和民主党政府都很倚重这项分析，以此确保规章的效用并且使负担降到最低。但是就消费品安全委员最近的关键规章来说，没有一项进行过成本效益分析。大多数人都深信，成本效益分析太繁冗并且会消耗大量的时间。他们进一步指出，如果缺乏实施某个具体规则的要求，那么这个情况本身就反对了实施这个规则。因此，当消费品安全委员会在过去两年通过两项经济效应超过 1 亿美元这一法定门槛的"重大规章"时，消费品安全委员会没有进行成本效益分析。这两项规章是机构历史上第二、第三重大的规章，但是大多数委员拒绝分析它们的成本和效益，其结果就是如此重大的规章也伴有显著的弊端。

五、独立的行政官

如果独立的机构被要求进行成本效益分析，对比各种规制选项，从科学和经济角度优化评判他们的规制决策，我们真的需要类似于消费品安全委员会的多成员机制吗？考虑到现代规章制定的其他因素，理想的委员们的独立性似乎是不必要的。首先，充分的数据和分析——经济的和科学的——应该能引导合理的决策者。其次，通过白宫的信息和规制事务办公室的评估和分析可以确保一项规章与更大范围的联邦规制项目相协调。再次，有效的公共关注和评论应该可以帮助一家机构估测其规章可能产生的后果并且在失策发生之前修正它们。如果在制定政策时都遵循以上的步骤，那么一个决策者就能获得用于分析的必要信息，并且作出合适的决定。如果这些程序都能被遵循，那么一个独立的决策者就可以在没有委员会体制下常见的个人和政治纷争的情况下作出好的决策。

当然，一个独立的决策者也可能会作出错误的决定。这就是公正的评估所需扮演的角色了。但是当一个独立决策者犯错时，他或者她就要为此负责。相比之下，在委员会体制下，一个好的规章一旦出台，就会有很多人争功；但如果是一项欠妥的规章，往往没有人愿意承担责任。

最后，我打算引用消费品安全委员会第一任主席理查德·辛普森（Richard Simpson）的话来结尾，他本人也发现了这样的问题："如果必须要委员会来管理并作出决策，那委员会成员就应该是奇数，而3个人就太多了。"我在很多事情上都和迪克（Dick）意见相左，但是在这一点上我表示赞同。

存在缺陷的农业生物
科技规制的涟漪效应

格雷戈里·康柯　亨利·I. 米勒*

  基因工程的现代科技——也被称之为生物技术、DNA 技术的组合体，或者基因改造（GM）——为植株培育者提供让传统农作物变做令人惊叹的新事物的工具。在世界上约 36 个国家中，超过 1 700 万的农产品种植者正在使用经基因设计的农作物变体，从而以更低的投入和更小的环境影响达到更稳定的产量。这些新变体中的绝大部分被设计成对毁坏农作物的病虫害具有抵抗力，或者对除草剂有抵抗力，这样的话，农产品种植者在采取更环保的免耕耕作实践和除草剂时，可以更有效地控制野草。

  几千年来，实际上人们运用日益成熟的技术对于农作物的基因改良是一个无缝的持续过程。20 世纪 70 年代出现的基因工程，是这种技术进步的一部分。由此，由于基因改造已经伴随了人类成百上千年，术语"基因改造有机体"及其缩写"GMO"——这一通常被使用的术语——不幸地属于使人混淆的术语选择。"GMO"时常被武断使用，意指当（仅仅）由重组 DNA 技术完成的，包含不同种类系别间进行转基因的有机体，但是这一用法

---

* 格雷戈里·康柯（Gregory Conko），美国竞争企业研究院的资深研究员；亨利·I. 米勒（Henry I. Miller），美国物理学家和分子生物学家，斯坦福大学胡佛研究院科学哲学和公共政策研究员，曾是美国食品和药品管理局生物科技办公室的创始理事。

译者王渊，上海金融与法律研究院研究助理。

忽视了一个事实：基因改造已经经由许多技术实现，而重组有机体在任何方面都算不上一个有意义的"类别"。

自 1994 年第一次由分子技术支持的农作物被引入市场，农作物种植者们发现新的变种种类降低了整体成本，为环境带来重要益处，增加了亩产利润率。尽管农作物种植者们发现选择这些经基因设计的种子价格较高，但物有所值。很多种植者们急切地渴望等待未来几年里这些广受欢迎的生物技术专利保护到期，希望届时价格会下降。

孟山都公司（Monsanto）的甘磷大豆（Roundup Ready soybean）（抗除草剂）的专利——世界上最为广泛应用的农作物生物科技产品——和其他 22 项生物科技专利预计于下一个十年后到期。这种专利的过期应当使得植株培育者售卖这些种子的"类型"版本成为可能，其结果是带来更为广泛的竞争和更低的价格。

不幸的是，在美国和其他国家对生物技术农作物管制方式上的奇怪之举对此提出了挑战，使得培育者难以开发类型种子的产业。尽管科学界的长期共识是，更新的技术本质上是较为初级的技术的延伸，监管者对待这些重要产品的方式仿佛是这些产品们带来了独特的令人担忧的风险。联邦法律歧视基因改良最为精确和可预见的技术，要求以这些技术培育的植株进行无穷无尽的、冗余的个案审查。相对而言，由不那么精确和不那么可预见的技术测试和商业化的类型种子和植株通常完全不受监管。

一、重新注册

联邦监管者对于生物技术的监督方式违反了两项基本监管原则：类似情况应该以类似方式处理，以及监督力度应与所预期的风险程度成比例。实际上，这里的监管者对第二项原则反其道而行之：将更为精确的和可预期的培育产品置于最为广泛和昂贵的监管要求之下。

生物科技与非生物科技的植株变体可以例行地被注册专利。但是，当受知识产权保护的生物科技植株性状至失效期，未来的

类型化培育者需要确定种植者和终端使用者各自拥有售卖种子，以及种植和售卖收获庄稼的合法许可。一个令情况复杂的因素是，绝大部分生物科技种子的基因构造——已知为"转基因品系"，或者简单的"品系"——必须被周期性地向美国和国外监管机构"重复注册"为商业销售。在关键市场中，这要求使用最初的品系开发者持有的具有所有权的实验数据，这有可能是一个长期的、昂贵的和政治上不可预期的过程。

举例来说，一个普通的被称为苏云金芽孢杆菌的细菌属（或Bt）生成对于特定昆虫有毒，但是对人和其他动物安全的蛋白质。当一个或者更多的表明这一蛋白质的 Bt 基因被注入一个特定玉米种类时，它令玉米植株具有抗昆虫性，从而减少了喷洒化学杀虫剂的需要。但每次这样一种基因与一个不同的玉米种类结合时，这样的注射便成为一个新的"转基因品系"，而必须分别经过批准和重新注册。美国农作物种植者可以从多于 15 种的不同的玉米转基因品系（多于 12 种的大豆、大米、棉花、菜籽油和几种水果和蔬菜）中作出选择。尽管如此，为了出口这些农作物中的任意一种，每一品系每三年到五年必须在多个境外国家再次重复注册。

在一个重要出口市场中，若任何转基因品系的注册到期后未能更新，可以导致甚至仅包含相对较小比例的相关农作物的整批货物被进口国政府拒绝接受。这一事件的发生或会带来巨大的负面经济影响，或会对世界食品供应链带来涟漪效应。这意味着，只要生物科技性状每过几年必须重复注册，这些出售或购买经基因设计种子的人就不得不承受这些管理责任带来的负担，并会经历某种程度上的不确定性和经济风险。与重复注册相关联的高额成本或会抹杀通常与专利失效和其后的类型产品开发和出售相关联的经济收益中的实质部分。

重复注册的要求在科学上没有正当性，而且也没必要搞得这么复杂。30 年来，植株科学家们达成了广泛的共识，认为相对于传统的使用类似于杂交或照射诱变的科技，使用基因工程开发新的植株变体，并不会带来新的或独特的风险。从美国国家科学院（U. S National Academy of Sciences）到联合国粮食和农业组织（United Nations' Food and Agricultural Organization），**全世界的科学机构均得出结论：与就某些可能与增大风险相关联的特定性状进行监管截然相反，对于基因工程技术的使用进行管制并无科学上的正当性。** 由此，要求对所有经基因设计的农作物植株进行特别的进入市场前的审批或者周期性重复注册，并无正当性。

二、机构摩擦

为重复注册增添更多成本和复杂性的，是为初始批准而提交的原始安全测试数据，以及监管机构可能要求的任何新的测试及监管信息。由于前述数据经常包含创新者的开发和生产过程、质量控制和管理程序的信息，以及其他可能对潜在竞争者具有重大价值的细节，政府将批准申请中涉及的数据作为保密商业信息，或受保护商业秘密。

当考虑来自创新产品类型版本的开发者们的批准申请时，监管者通常不被允许依赖于创新者们申请中的数据评估后续产品。

虽然有足够的理由让监管者们为创新者的数据保密，却没有足够的理由让监管体制要求后续生产者首先要拥有使用原始开发者具有所有权的数据。毕竟，监管者们并不需要为重新注册一项生物科技转基因进行评估而重新审阅其卷宗。就首先已获市场批准的生物科技性状，监管科学家们应当已经审阅了提交的数据，并且就产品足够安全可供商业使用作出了判断。换句话说，人们可以依赖传递性原则，即，如果初始产品申请在所提交数据基础上已经评估和批准，而后续产品包括相同的转基因品系，则后续产品等同于原始产品，应当被批准。

这一问题最简单的解决之道是由政府消除这一无法被证明正当性的、不必要的重复注册要求。作为选择，监管机构应当消除机构科学家尚未审查原始数据，并得出结论认为该产品对于消费者和环境无害。换句话说，培育者在寻求重新注册时，并无必要提交或使用原始安全性数据。

尽管如此，无论是在美国还是海外，就生物技术农作物规制改革并未获得什么政治支持。监管者对于让渡他们的权力、预算和官僚政治存在抵触情绪。作为这一规制系统中缺陷的变通办法，种子培育者们和生物技术产业已开始在自愿的、合同的安排下进行合作，以处理一些此类问题。在这一"自愿协定"（Accord Agreement）的条款下，参与的开发者同意就其转基因品系在其专利过期之后，维持一个限定时期的注册。开发者和类型培育者届时将可以达成具有约束力的合同协定，来分享所需要的监管数据，并移交长期监管管理责任，以便为实现后专利监管体制的无缝转型提供便利。

允许后专利生物技术农作物变体的类型版本的私人合同安排应当开始关注妨碍向后专利类型种子产业实现无缝转型的监管和法律问题。但是，由于现存的规制要求——这些要求藐视合理的科学和常识——必须被满足，任何纯私人的努力最多只能期望能够改善问题，而不是完全解决问题。歧视性法规的持续出现将给小的培育者们（尤其是在欠发达国家中的公共机构培育者和小公司）利用非专利性状带来困难。长达1/4个世纪的、有缺陷的农业生物科技规制带来的涟漪效应是宽广、深远和具破坏性的。

图书在版编目（CIP）数据

规制. 第 2 辑 / 加图研究所，上海金融与法律研究院
编. —上海：格致出版社：上海人民出版社，2014
ISBN 978-7-5432-2464-3

Ⅰ. ①规… Ⅱ. ①加… ②上… Ⅲ. ①微观经济—经
济政策—中国—文集 Ⅳ. ①F123.16-53

中国版本图书馆 CIP 数据核字（2014）第 278981 号

责任编辑　高　璇
装帧设计　路　静
封面插图　钱自成

规制（第 2 辑）
加图研究所　上海金融与法律研究院　编

出　版	世纪出版股份有限公司　格致出版社	印　刷	上海图宇印刷有限公司
	世纪出版集团　上海人民出版社	开　本	787×1092　1/16
	（200001　上海福建中路 193 号　www.ewen.co）	印　张	15
		插　页	2
	编辑部热线　021-63914988	字　数	210,000
	市场部热线　021-63914081	版　次	2015 年 1 月第 1 版
	www.hibooks.cn	印　次	2015 年 1 月第 1 次印刷
发　行	上海世纪出版股份有限公司发行中心		

ISBN　978-7-5432-2464-3/D·76　　　　　　　　　　　定价：38.00 元